法国当代心理治疗

如何帮助自闭症儿童
心理治疗与教育方法(第三版)

Comment aider l'enfant autiste
Approche psychothérapique et éducative, 3rd édition

[法]玛丽-多米尼克·艾米 / 著
Marie–Dominique AMY

姜文佳 / 译
traduit par JIANG Wenjia

上海社会科学院出版社
SHANGHAI ACADEMY OF SOCIAL SCIENCES PRESS

感谢玛丽·科萨尔,我的第一位读者,你拯救了我的顽固不化

感谢沙尔利·弗罗因德利希,弗朗索瓦的正音医生

感谢克里斯蒂娜·福韦耶、多米尼克·博楠方和维利·法拉,戏剧治疗小组的治疗师们

感谢安妮-玛丽·阿里纳,弗朗索瓦的训练师

感谢吉尔贝帮助我完成这项工作

感谢埃德蒙·马克和让·昂列,你们让我有信心写下第二本探讨自闭症幼儿的书

目　录

新版前言 / I
导言　本书的历史沿革 / 001

第一部分　理论角度

第一章　从出生到身份的产生 / 011
出生与早期感知 / 011
调适阶段 / 017
从调适到调谐：常常是一个艰难的过程 / 023
身份的产生 / 025

第二章　关于自闭障碍的原始资料 / 027
自闭：开放性问题 / 027
自闭与精神分析 / 042

第二部分 治疗角度

第三章　实施治疗 / 057

　　　　诊断难点 / 058

　　　　怎样开始护理 / 065

　　　　什么是护理？ / 068

　　　　与家庭的合作 / 073

　　　　言语矫治与护理 / 075

　　　　精神运动与护理 / 075

　　　　插入说明：一支兼职护理团队 / 077

　　　　处于困境的机构 / 085

第四章　相关术语 / 092

　　　　交流 / 092

　　　　体验与实验 / 095

　　　　模仿、注意力与记忆 / 101

　　　　言语 / 107

　　　　思维活动 / 112

　　　　无意识与意识 / 116

目 录

第三部分　临床案例"弗朗索瓦或黑洞"

序言 / 123

第五章　第一步 / 129
　　　　　初次接触 / 129
　　　　　治疗的开端 / 132
　　　　　关联与分离 / 139
　　　　　身体形象 / 148
　　　　　话语 / 157

第六章　今天的弗朗索瓦 / 187
　　　　　故事的后续 / 187
　　　　　弗朗索瓦的话 / 194
　　　　　思考 / 197
　　　　　正音医生的建议 / 201
　　　　　治疗小组的治疗师 / 205
　　　　　无法说话的孩子 / 207

作出结论？ / 210

参考文献 / 216

资源 / 221
    培育机构 / 221
    家长协会 / 224
    主要自闭症资源中心 / 225

临床案例 / 235
插图 / 236
索引 / 237

新版前言

2009年，本书第二版的前言部分着重指出了社会医疗、公共卫生以及学校联网策略的显著进展，强调了与家长合作的重要性。我们注意到与个人方案相关的机构间合作得到了发展。然而遗憾的是，理论划分仍然太过含蓄。最终，该版本指出了与诊断评定相关的CRA(Centres de Ressources Autisme，自闭症资源中心)的重要性，以及当时无法解决的缺乏接待中心的问题。

尽管历数了仍然存在的缺陷，在这篇前言中我们仍然乐观地认为，到2012年这些问题将会得到解决。

认为认知学或心理动力学无所不能的思想还远未消失，长期以来，这种想法导致许多家长不允许自己的孩子接受结合各种研究角度的治疗方法。

作为一名精神分析学家，我——正如许多CIPPA[1]的同事——接受过认知理论与测评方面的教育，但在多数时候却并未

---

[1] 心理治疗师精神分析师及其他自闭症相关工作者国际协会(Coordination Internationale de Psychothérapeutes Psychanalystes et membres associés s'occupant de personnes avec Autisme)。

从中获益。有太多的机构优先考虑或反对某种研究角度，从而忽视了对于自闭问题的多种解读以及可能由此得出的跨学科研究角度，即一种与教育、学校、言语矫治、精神运动以及精神治疗相关的研究角度。

的确，由于机构内或机构间的冲突，导致在其人员之间，精神分析理论与教育理论彼此对立而非彼此结合，怎样接受这些冲突？又怎样忍受"我们这里只治疗不教育"或者"我们这里只提供教育，其他都毫无意义"的这种论调？

我承认，在某一时期，某些家长因倾向于精神分析而承受了极大的罪恶感，尤其是对于那些不愿承认情况并非如此的母亲，他们不愿承认儿童精神病学与精神分析学同样支持真正与家长合作的政策[1]。

精神分析法——确实是以一种全凭经验的方法，对此我完全承认——通过观察和实验确认儿童、青少年和成年人的很多心理认知障碍的根源及表现方式。而科学家们则通过其他方法来确认这些障碍。

某些研究者甚至承认，精神分析学家所进行的观察和取得的相关进展已经超越了他们的研究。

我们不应将科学家与唯科学主义相混淆。

后者错误地反对活体内的任何感性、直觉、观察以及帮助认知的人际关系。唯科学主义是一种简化论，科学只会因此受到损害，而哲学家们深知这一点。

首先，关于直觉，我们可以引用萨特(J.-P. Sartre)的名言：

---

[1] 见 CIPPA 官网：www.cippautisme.org。

新版前言

"没有任何知识不属于直觉。被不确切地称为知识的演绎和推理都只不过是通往直觉的工具。"

然后，巴什拉（G.Bachelard）曾有言：

"我们应从更加复杂的角度看待直觉与智慧之间的关系，而非简单的对立。我们看到二者不断地交融合作。"

时至今日，神经科学应该结束这些争论，因为我们已经观察到，神经回路基于伴随的经历与情绪，以一种完全个性化的方式得到建立，表现遗传学方面的研究也指出基因永远不会独立于环境。弗洛伊德提出记忆痕迹作为记忆的起源，而我们可以衡量心理现象与客观现实不可分割的程度，情感性则是人类所固有的机能。我们也再一次提出疑问：没有情感性，直觉与情感同化如何存在？

在此，媒体往往扮演着一个应当受到谴责的角色。未进行深入研究，媒体就强调或强化、甚至创造一些冲突，这些冲突会危害所有人：家长、专业人士和孩子。

现在，这是我致力于自闭儿童与青少年方面工作的第 37 个年头。也是我在社会医疗、公共卫生以及教育领域著书、实践、培训团队的第 37 年。我一直有观察到一些不考虑常识的思想和只会强化理论划分的态度，而自闭人士永远要经历这些。

此外，毋庸置疑，基础培训仍然缺乏，并且很多时候机构工作人员对与自闭相关的研究进展知之甚少。这使得他们在工作无法取得进步，盲从于一些缺乏依据的虚假理论。

在 2012 年结束之时，我们会说这一年与精神分析学背道而驰，充满过分的行为、误解、无知、暴力以及难以置信的攻击。

从而造成以下这些不和谐：

➢ 应某些在采访过程中受到导演粗暴对待的精神分析学家的

要求，由苏菲·罗贝尔（Sophie Robert）导演的电影《墙》（*Le Mur*）被禁。

> 试图立法禁止在 TED 研究方面进行精神分析。

> 宣布 TED——弥漫性发育障碍（troubles envahissant du développement）将会消失于未来 DSMV 与 CIM11 的诊断标准之中，取而代之的将是 TSA——自闭谱系障碍（Troubles du Spectre Autistique）。可怕的是这种专有名称十分不利于治疗团队进行差别诊断，并且会导致一种绝对需求。事实上，自闭障碍会在第一时间使患病儿童无法理解身边的人际关系与物质环境，而向其提供的治疗方案与儿童所表现出的共生精神病症状没有任何关系。

> 最后，我们要指出，去年 3 月对 HAS[1] 的建议的过度宣传，这些建议本身也造成很大骚动。

曾被邀请作为这些建议的读者与评论者，我能够衡量出对现有书籍所做的大量工作，但同时，在研究方面所进行的工作却远远不足。只有少量的随机测评或还不够充分的实践。对于这些建议的阅读使我认识到一种显而易见的情况，即我们并不了解自闭症的根源，因此，对某些人有所帮助又对其他人有害的多种方法被过于轻易地推荐、拒绝，或是所谓的"非一致同意"。

与被认为可以"治愈"自闭症的治疗方案相关的谨慎建议是很重要的。从另一方面来说，对游戏技巧做出的选择、决定（尽管不推荐，但我们发现在实践中与其他方法相结合却大有裨益），或是被认为非一致同意却包含于某种综合方法的精神分析法，这些无需证明，已足够令人震惊。

---

[1] Haute Autorité de Santé，法国健康署。——译注

实际上，这种"非一致同意"只不过意味着在专家、某些机构、某些组织之间无法达成完全同意，被用来作为不再资助公共活动，或不再雇用接受过精神分析培训的心理学家或精神分析学家的理由。我对此感到强烈的恐惧。从长远看来，这种方式对自闭症患者的情感心理和认知发展方面会造成灾难性的影响。这些患者就像是被排除在一切之外的其他主体，不顾及他们所患有的与认知困难长期相关的心理障碍，对我来说这完全缺乏对他们的尊重。

此外，在我看来，这些建议属于一种量化的"乌托邦"，只会使那些在艰难条件下工作的团队失去勇气。

当我们认识到关于诊断方面永无止境的期待，得知建议坚持初次问诊后最长延迟三个月的理论方法时，会想到什么？事实上，测评中心的期待时间是9至18个月！

要补充的是，这些建议强调早期诊断的重要性。而这些漫长的等待代表着难以置信的时间浪费。

当我们发现人们所期待的接待配额是一对一（一个大人负责一个孩子）时，又惊呆了！实际上，据我所知，没有任何一家机构能够遵守这种配额（除非是一些让家长支付天价费用的私营机构）。

当我们了解到语言矫治对于失语儿童的重要性，而正音科医生极度匮乏或是由于财政问题矫治时间极短时，怎样接受这种如点缀一般的时间安排（约每周半小时），甚至是彻底没有言语矫治……

对于精神运动与精神疗法方面的观察也是一样。

最终，当我们认识到对于社会医疗与公共卫生一体化的一系列期待，怎么还会设想能够使所有孩子及时接受治疗，即便HAS认为这些治疗方案对于使这些孩子向积极方向转变而言必不可少。

  这种对于推荐方案的理想描述仍将继续。我必须要说，正如一直以来所进行的那样，家长联合会要进行斗争。造成家长反对某些专业人员的冲突、划分，只会遗憾地遏止那些共同推动才会更加合理的进程。

导　言
本书的历史沿革

1995年,我曾写下《面对自闭症》[1]一书。我旨在率先发声,当家长因为某种假定责任不断受到指责时,我曾做出多么大的反抗。

我当时还希望告知医疗团队,我所认为的对于治疗而言不可或缺的协助:教育环境。无论如何,我们应该摆脱分析的统治。我们将在这部第三版中看到教育的力量,这种力量一直活跃,却并未更令人满意。

最终,我想为年轻的精神疗法医生们指出:当并非与家长和治疗团队无接触,而恰恰相反,处于一种持续的结合治疗中时,进行精神分析治疗工作的依据。我认为,在与儿童、青少年和成年人相关的治疗工作中,这种联盟与合作关系必不可少。

因此,我概括了最初五年对弗朗索瓦的精神治疗,治疗始于他18个月大时。

本书是我的第二本论著,我在第六章中又大量讲述了现在已

---

[1] M.-D.Amy, *Faire face à l'autisme*, Paris, Retz, 1995.

经 24 岁的弗朗索瓦，以说明，即使自闭儿童具有惊人的转变，交流障碍也仍然存在。这些障碍只是不再那么明显，但没有彻底消失，仍给自闭症患者的生活造成诸多不利影响。这段后续讲述可以说明我们共同经历的 7 岁到 14 岁，同样也说明了在言语矫治与角色游戏所起的作用。

为了更加清晰地看到弗朗索瓦的转变，我在第五章重拾了《面对自闭症》中的内容，让那些对这个已经长大成人的孩子一无所知的读者能够投入到他的故事中，去了解他那些曾经巨大的自闭障碍，这点对我尤为重要。某些人现在可能不会相信这些障碍的存在。的确，弗朗索瓦的转变在自闭儿童中为数不多。很多自闭儿童会一直残缺。但谁又能在必要的心理—认知治疗伊始就断言这个孩子会如此转变呢？

这就是为何每次当我与那些正在承受痛苦的孩子会面、对其作出自闭症的诊断时，都会想起弗朗索瓦，他一直是我的精神支持。因为，谁会在开始的时候就已知晓他们的未来？只有在与他们的接触中不断研究探索，在极度灰心时也不放弃，他们才会取得进步，与此同时，他们的焦虑会得到平息，自理能力会得到发展。任由他们受命运支配，就意味着其暂时性的机能退化会变为永久性的退化。自闭症往往伴随着智力缺陷，但有时自闭儿童的智力是可以保留的。

为了更好地治疗这些儿童、青少年和成年人，必须努力去更好地理解，在他们身上，生理病理与心理病理是怎样相连结的。这种近乎混乱的连结往往被忽视或不被承认，导致家长和治疗人员在重视一方面的同时会忽略另一方面。

几年前，我参加了由某培训机构组织的一日会议，会议议题主要关于自闭症的研究现状以及适用于自闭人群的不同教育方法。当天我见到了该机构的负责人。她是一位自闭症患者的母亲,现在她的孩子已经成年,这位母亲在相关信息与培训方面做了大量工作。此前我们结识已久。在很长一段时期之内,我大概是法国在精神分析培训方面唯一对教育方法感兴趣的心理学家。我参加了结构化训练(TEACCH)方面的初级理论培训。这项由泰奥·佩特斯(Théo Peeters)发起的培训予以我极大帮助,使我能够更好地理解自闭症所造成的身体、感觉、认知和生理上的不协调与彼此分离。这种认识使我开始将心理动力学与认知学相结合,在团队中进行此方面的研究工作。

在与这位女士的对话过程中,当对她讲起我曾给其他培训生、家长和专业人士造成了怎样的印象时,我不禁笑了出来,当时大家都觉得我像是一种奇怪的动物。

而这时她直截了当地提出了一个令我哑口无言的问题:"你现在还是精神分析师?那么你什么时候才能不再让我们的孩子躺在你的沙发上?"

因此,在2012年,这样一位接受过自闭症认知困难方面培训的人,似乎还完全无法认识到这些患者在生理方面的障碍,还仍然认为我们试图让孩子躺下,而从精神疗法的角度看,这些孩子是不可能躺下的。

由于拒绝关注这些孩子的无意识,这种幼儿精神分析疗法的画面已根植于这位女士的脑海,抑或是由于在某一时期,有太多的精神分析学家对自己所进行的工作只字不提,从而造成了个人的不幸经历?在这一时期,家长被完全排除在治疗之外,这给他们造成了一种作为不良客体的灾难感,并加重了他们的负罪感,天啊,这种负罪感本身就已经很强烈了。贝特尔海姆（Bettelheim）的经历和某些电视节目中的内容已经离我们不远了！

我原本认为在今天，这样的问题已经消失，直至我读到贝尔纳黛特·罗热（Bernadette Rogé）——法国在认知学和自闭症方面接受过最好教育的人之一——2012年6月在Médiapart网站上接受的访问。在回答记者关于精神疗法方面的问题时，她表示：

"对自闭症患者来说，正确的维度非常重要。让他们躺在沙发上，当我们知道他们怎样运转各项机能时，这样做毫无意义。"

作为CIPPA主席，我必须对此发表回应[1]。以下为部分摘录：

"假设办公室里有一张沙发（其实并不是所有办公室里都有沙发），这张沙发和其他设备一样，供自闭症患者支配，作为表现其感受到的、我们极力去理解并试图帮助他们理解的情境的客体，你们怎么还会认为我们想让那些自闭的儿童、青少年和成年人躺在沙发上？同我一样，你们深知自闭症患者能够感受到情绪却不懂这些情绪的含义。当他们没有言语能力时，正是通过肢体向我们表达他们所感受到的以及他们对这些体验的不解。因此，怎么会设想出心理分析学家能够让自闭症患者躺在沙发上（而且我几乎没见过听从这种练习的自闭症患者），然后坐在他或她的旁边，冷静地等着对方开口讲话……"

我还要补充的是，儿童同样会利用沙发向婴儿的行为退化，害

---

[1] 发表于论文集39。

怕或痛苦时会藏进沙发，或者，当头脑中的情景、画面、声音突然变得难以承受时，会躲在沙发上睡觉。但沙发并不比房间中的其他家具或向其提供的玩具和游戏用处更大。

我还记得与让-皮埃尔及其家长的第一次会面，那时他六岁。在家长提起一个曾经苛待过他的保姆时，他立刻躺下入睡。他的父母向我坦承，当听见这个保姆名字时，他经常会有这种反应。随后，在其由来已久的焦虑有所缓和之前，让-皮埃尔多次重复过这种行为。当我并没有让他躺在沙发上，他自己本身就会这样做！

与之相反，当敢在我的办公室里自由活动后，弗朗索瓦将全部的注意力都集中在我拔掉塞子的盥洗盆上，然后是我的眼镜，最后是镜子……在其最初五个月的治疗期间，他从未使用过沙发，甚至都没看过一眼！

因为我认为，我们应该明白，重要的不是告知家长治疗期间的全部内容，而是使其理解这种分析方法由什么构成，及其与认知学习相结合的理论依据。作为精神分析学家，我们试图做到的是，更好地理解、更好地体会这些孩子在生理上的极大困境：恐惧和幻觉——同认知病理一样——这些恐惧和幻觉横亘于其理解周围环境的道路上。我们同样还力图帮助他们在那些彼此相脱离的机能间建立关联。最终我们想极力做到的是，观察、理解并帮助他们自己去理解其肢体语言，但在多数情况下，这点难以做到。为了表达、表现自己的欲望或痛苦，有多少无言语能力或言语欠缺的孩子只能使用肢体语言？我们应该将这些告知、解释给家长们，以便于在与孩子接触的日常生活中能够辨别并重视这些肢体语言。

关于自闭症，我们经常提到交流方面的严重障碍，但只有建立起自我与他者之间的关系，此方面病症才能得以缓解，这种关系几乎是一切人际关系的基础。这些都需要对自闭症患者最早期的经历进行深入研究。那么正如我在2012年版的前言中所提及的，我们可以假设关系缺失可能是由神经元与精神，尤其是连接方面的重大缺陷所导致的。如今对妊娠期方面进行的探索也许会加深我们对这种先于人际关系产生的缺陷的了解。

我们也需要与家长建立一种真正的合作关系。当孩子身上突然出现新的行为时，家长的配合对我们来说尤为重要，因为对于心理治疗医生或教育工作者来说，这些新行为难以理解，而家长通常可以解释这些新行为产生的背景。因教育和心理分析工作而产生的新反应也可能使家长感到困惑，这时也需要向他们做出解释。

同样毋庸置疑的是，没有家长的配合就不可能向他们的孩子提供个性化的治疗方案。如果我们不希望在两方面采取的方法有所分歧、甚至对立，那么对于此项方案或目标的一致同意是必不可少的。方法上的分歧与对立只会引起极度的混乱，甚至是发展缺陷。

基于这种共同的思考，我们可以更好地理解那些精神障碍，它们与智力障碍一样，造成自闭症患者的缺陷。我们不要无休止地争论先天与后天习得对彼此的重要性。我们要承认，这些都受到一系列错综复杂的因素的影响，这些因素就像是一个缠绕着基因史、心理史以及所处环境交错打结的线团。人会游离于自身生活经历之外，是因为无法完全成为这些亲身经历的主人。那些自闭儿童或成年人的亲身经历尤为复杂，心理治疗医生要努力理解他们，以便于有朝一日可以打开那些向学习、关联、感觉以及人际关系紧紧封闭的大门。

经常从我的培训团队中听到这种说法，我所著的两本书是一种宣言。这宣言的主要目的是尽可能地大声疾呼：自闭症患者和我们一样，是完整的人，即使他们的心理和智力系统患有极大的病症。为了更好地帮助他们，需要我们完整、全面地了解他们。对我而言，优先考虑我们提供的研究角度是对他们彻底的不尊重。

他们需要从心理上被倾听、被承认，以便于在存在严重认知障碍的情况下得到教育和理解。还需要解决这些缺陷，以便于心理分析方法能够有意义地进行。

这就是为什么我在个人假设的同时，参考儿科学家、遗传心理学家、认知学家和精神分析学家的理论，致力于将多种方法结合起来，以便于更好地理解如何治疗这些孩子，治疗概念本身也会被重新思考。

我同样会提及一些与自闭病理相关的常用术语，我认为这些术语的意义并不总是为人所知，有时甚至还未被发现。交流、注意力、记忆、体验、意向、思维、话语和行为，当这些词与自闭症患者相关时，其意义可能完全不同，感官、模仿、情绪和感知这些词也是这样。对于自闭症患者，某些概念是不存在的，或者已经弱化，抑或是彼此之间毫无关联。那些原本构成关联的有力因素并不总是存在。然而，为了作为主体存在，必须理解相对立或是应该补充的一切。要具有情感同化和直觉，就意味着认识并接受自我和他者的区别。接受别人无法理解、分享、感受到的自己面对的情境，对自闭症患者来说极为复杂。

此外，鉴于我们现有的知识储备，我认为分别去研究认知和心理方面的重要影响是毫无意义的。我们已经更加深入地认识到，重点在于我们迫切需要将二者相结合。也许有一天一切都会更加清晰：到那一天，我们能放心并有效地认识和更好地理解某种病理

6　的前因后果！但我们不能去幻想，不能因此放弃帮助这些孩子去克服焦虑和幻觉，这种焦虑或幻觉会阻碍他们获得学习和交流的工具。也许我们还会意识自闭症产生于不同的根源。因此不是一种自闭症，而是各种各样不同根源的自闭症。现在我们经常提出这种假设。或许这样能够更好地解释为何我们对这些孩子如此多样的变化知之甚少。

7　正是在心理与认知相结合的基础上，我将夹杂叙述两个故事：其一关于一个顺利成长的孩子，另一个则关于一个产生弥漫性发育障碍或自闭障碍的孩子。

第一部分 理论角度

第一章 从出生到身份的产生　　　　　　　　011
第二章 关于自闭障碍的原始资料　　　　　　027

# 第一章
从出生到身份的产生

出生与早期感知

> 现在我们迎来一名婴儿。这个孩子是足月分娩,重3.6千克,他的母亲在硬膜外麻醉状态下生产,情绪很激动。这是她的第一个孩子,寄予幸福期待的孩子。她向孩子伸出双手,助产士将孩子放入她怀中;她看向自己的丈夫,后者激动地流下了眼泪。孩子哭了,助产士和产科医生都很高兴。孩子紧紧贴着母亲,似乎在探寻着想找到一些可以让自己安心的东西,母亲温柔地对他说着话,父亲抚摸着他的头。

多么美好的画面啊,但这样的画面并不总是符合现实,有些妊娠过程甚至恰恰相反,会给人造成极大的创伤,这些夫妻或母亲通常很孤独,对我们讲述怀孕分娩过程时,往往把那当作是一段艰难、痛苦甚至是噩梦般的时刻。

但这个孩子自己却什么也不能对我们诉说,他是怎样度过这段痛苦又漫长的出生过程的呢?他又是怎样接受与这个完全陌生的世界的突然会面的呢？

他来到这个世界，正如温尼科特（Winnicott）所说：处于一种我们无法了解的焦虑的边缘。无论他即将享受到何种欢迎，这种初次的分离，对他来说无论在生理还是心理上，所造成的未知的刺激与恐慌是多么大啊！

正是从这种突然涌现的刺激作用出发，唐纳德·梅尔泽（Donald Meltzer）向我们提出了"美学冲突"概念。在这种我们所说的"出生冲动"中，包含一种渴望，离开太过束缚的子宫，与外界真实世界、尤其是母性客体见面，并且他应该从这个母性客体身上发现精神能力与抑制能力。

在他对于"足够好的"母亲的评价中，温尼科特向我们描述了初次见面的重要性，这种母亲的照料可以让与最初的焦虑对抗的孩子感到安心——"被分成几块，不断地摔倒，与自己的身体没有关联，没有方向"——其他精神分析学家也同样说起过这种重要性，如比昂（Bion）、安齐厄（Anzieu）、拉卡米尔（Racamier）。

今天，我们似乎更多的说起父亲这一角色在婴儿及其母亲生活中的重要性。的确，我们无法否认二元关系（母亲、婴儿）的重要性，但我们不应忘记，没有三元关系（父亲、母亲、婴儿），孩子的未来是极具风险的。我们认识到很多由于父亲缺失所造成的伤害，并且这种伤害是在出生以后、有时是在妊娠时，甚至在某些母亲头脑中，从受孕起就存在！

在父亲、母亲、孩子的三元关系中，父亲对于母亲的心理地位决定了父亲与孩子的关系，这一观点被多次提及。与之相反，我相信父亲是包含于孩子的亲身感知经历之中的。正如我们以下将看到的，由于孩子于胎儿时期就可以感觉到父亲的声音，父亲与孩子的最初感觉紧密相关（当今由于很多父亲也参与到对婴儿的照料中，这种关联更加密切），与孩子最初的满足感及节奏定位相关，而我们将改变对于节奏定位的看法。这就是为何与第三者在场相关的现象会更早出现，以及我们为何更多谈起双亲共同的权威而非父亲的权威。

正如精神分析学家奥拉尼尔（Aulagnier，1991）所说：

"对母子关系的分析离不开对夫妻关系的分析：迎接新生儿的心理环境是由夫妻关系环境预先决定的，母亲并非对此环境负绝对责任。"（Aulagnier，1991）

但我们的小宝宝要怎样应对这种突如其来的感官冲击呢？这正是我们接下来所要研究的，我们将称之为早期感知。

早期感知

孩子通过三种标志去建立与子宫内生活的关系，去感知节奏，这其中主要是声音和身体接触。婴儿可以一下子辨认出亲人的声音、某些噪音、某些音乐，并且也可以通过晃动来分辨出安抚他们、哄他们入睡的怀抱和小推车（造成带有母亲节奏的子宫内的感觉），以上观点并不鲜见。我们还知道，婴儿在16周后就会吮吸手指，12周后可以在肢体伸展和探索皮肤周围环境的过程中贴紧或离开子宫内壁。然而我们还必须去了解这些定位活动对于婴儿未来所起到的作用。这些定位活动将为婴儿建立子宫内经历、外界现实和其生长的内部世界之间的主要联系。没有这些定位活动，比昂所说的**无名的恐惧**（la terreur sans nom）将会持续。

生活寓于可感知的黏稠液体和大量突然涌入的无法理解的信

息中，新生儿对它们紧抓不放。我们对新生儿讲话并轻轻摇晃他们，这些是对他们来说并不陌生——由此体现出安德烈·布林格（André Bullinger）所说的抱持的质量。

无论如何，掌握这些标志才能避免陷入绝对的不理解之中。这就是为何于我而言，这些早期感知是孩子所感知的现实与心理现实情况的构成部分。这些标志甚至将构成孩子最初经验工具的基础。其实，如果说某些节奏，如母亲心跳和呼吸的节奏，以一种持续的方式摇晃着胎儿，那么其他节奏，如走路的节奏，则会是一种间断的摇晃。说话声和其他声音也是一样。因此，在外部现实环境中，在母性客体缺席或在场的情况下，这些早期感知对婴儿的意义更加重大。由于得到头部和背部的支撑，共处的时间变得更加重要，因为在子宫内时婴儿就已经对这些支撑十分熟悉。

这些早期感知为婴儿提供必不可少的支持以使其能够承受难以避免的环境变动。这些早期感知还将为其建立同连续和不连续、持续和间断、失望和满足相关的最初标志。因此，这些早期感知有利于婴儿形成预见性功能，促进注意力、记忆和思想的产生。

以上所列举的一切不可避免要考虑到时间和空间观念上的发展情况。而其中任何观点都能通过短期和长期效果来衡量。这是经历的开始。

曾经有多少次，弗朗索瓦没能向我表达出这些，而当他可以使用话语时，他对我说，站在起跑线前他有多么的惊慌失措，除非冒着消失在黑洞中（见第五张、第六章）的危险，否则他无法越过这条线。悬于生死之间，任何动作都会将其拖入难以描述的恐惧之中。因此，由于缺乏可以逐步发展为发现和经历的早期感知，他陷入一种病理性的抓握麻痹之中。

第一章　从出生到身份的产生

在这种情况下，如何和谐地归纳、进而管理时间与空间呢？这个极端的问题导致这些孩子陷入一种非历史性。他们既没有过去也没有对未来的预见。与所有相关背景分割开来的图像、声音、气味组成了他们神奇的记忆。因此，我们的工作在于帮助他们重建这些缺失的关联。

让我们回到另一个与经历和实验观念相关的主题上。我们已经观察到这些早期感知与婴儿的心理机能和神经进化密不可分。忧虑、信任、快乐和不快、满足和不满，这些情绪源自感观适应，同样也源自婴儿的情感体验。一种机能障碍将引起另一种机能障碍，于我而言这是可以确定的，即使时至今日很多问题依然悬而未决。

儿科医生证明了手抓反应的重要性，并且如同其他反应，在剧烈下降的情况下，这种反应消失后会更明显地再次出现。我认为这与早期感知、感官和心理定位的情况是完全相同的，同样会长时间持续一种无关紧要的状态，但在受到创伤时往往也会变成救生圈一样的存在。

因此我做出以下假设，自闭儿童的第一个问题在于，很难甚至无法掌握早期感知，进而与出生前和出生后的实际经历建立联系。

对于某些自闭儿童，在外部世界，"没有东西对他们讲话"，没有东西可以使他们平静。我们可以说，在孩子、母亲以及父母双亲之间没有建立任何关联。

"最糟糕的特殊性就是没有同类，"在一次会议上希腊儿童精神病科医生克里斯蒂亚诺普洛斯（Christianopoulos）向我们谈起，并补充道，"当我们从孩子那儿拿到无法理解的图片时怎么办？"的确，如果孩子对父母的声音无动于衷，如果孩子无法理解语言所表达的情感和情绪,如果摇晃像其他任何无言的行为一样无法对孩子起到安抚的作用,此时如何在孩子和父母之间建立联系?而那些找不到与自己孩子建立联系的途径的父母又会多么不安?

正常婴儿会很快使他人理解自己的需求和欲望。婴儿在母爱环境中可以迅速明确哭的不同含义。同样也包括表示疲惫、快乐、不快的面部表情。当孩子投来第一道视线、露出第一抹微笑时,整个家庭有多么激动!

但有人际关系障碍的婴儿和幼儿不会或很少有以上表现。因此,这些孩子的母亲觉得自己毫无成就感。她们无法真正感觉到自己被承认,无法感觉到自己具备做母亲的权利,她们不知道该怎么做,并常常认为自己做得不好或表现得不称职。有时她们甚至会极为痛苦地承认,得不到孩子的回应使她们无法与其进行热情的接触。其实这种人际关系的缺失有时会导致母爱环境变得完全不适当。于此我们可以看出,早期的心理干预对于帮助父母和有严重人际关系障碍的孩子建立一个不那么沉重的未来定位有多么重要。

对于那些仍然处于自闭倾向的孩子,我们观察到以下情况:一旦他们可以支配自己,他们会将自己安置在一种自给自足的状态中,在这种状态下没有任何情感需求。只有需求会让孩子寻求帮助(例如借助他人之手拿到自己够不到的东西)。求助于幻想的欲望则不会表现出来。而那么多护理人员生活在期待孩子会表现出欲望的乌托邦中。但我们不应指责这些护理人员,因为护理人员的动机也是充满渴望的:渴望理解这些孩子,渴望被这些孩子理解,总之,渴望与这些孩子沟通。我们对这些孩子给予的热望不会或很少被他们理解并接受,要承认进而接受这一点是十分痛苦且困难的。

然而，无论是在教育方面，还是精神运动、正音、心理治疗方面，或者在家庭中，只有想要帮助他们的渴望才能激发我们的意志和坚持，这种意志和坚持正是照顾这些孩子所必需的。我们还必须借助坚持不懈的想象、发明和创造。而这些孩子的特质会使我们筋疲力尽，会让我们觉得他们对我们毫无需求，我们所做的一切对他们而言都是无用的。他们可以轻易将我们的努力化为乌有！他们还会把自身的焦虑和不理解所造成的麻痹传染给我们。我们需要坚定地借助想象来对抗这种麻痹的蔓延。怎样做、做什么才能让这些自闭的孩子或成年人理解我们对他们的期待？要说什么、展示什么、做什么才能唤起他们的注意？只有通过一系列各种方法相结合的严密研究才能使这些都清晰地显示出来。

首先，我们要理解早期定位的重要意义。

调 适 阶 段

"调适"（accordance）：于我而言这个新词的意义与德国人所说的**情绪**（Stimmung）有密切的关系。这是一个语义强烈的词，以一种最有创造力的方式表达**协调**（accord）的意思。在理解一件事情的意义前，每一个婴儿都会觉得自己被迫经历一些事情，这时他们会表现出短暂定位、片段性理解、跟其无法理解的事情进行对抗的状态。

属于最初认知范畴的初次感知和丹尼尔·斯特恩（Daniel Stern）所说的"情感调谐"之间会发生什么呢？这种情感调谐意味着婴儿已经归入了情绪分享和人际沟通领域。他们已经进入到与他人的人际关系之中。斯特恩认为这一阶段出现在婴儿 9 到 15

个月之间。

但还存在一个中间阶段,在这一阶段婴儿仍然受到无法掌握的听觉、视觉、嗅觉信息的冲击,这是一个逐渐适应现实的阶段,称之为调适阶段。

掌握所有的信息工具却无法理解其意义。为了使其意义显示出来,婴儿需要建立与母亲及母爱环境的关系,婴儿在这种关系中逐步——通过区分、模仿、相互作用、感觉和运动的联想——进行积极的定位。

在二元关系中,机能平衡是在不断变化的。母亲和婴儿都会经历退化和发展状态相交替的心理活动。认为母亲和婴儿持续处于同一情感频率,这种想法是一种误导。有时,母亲觉得与婴儿的亲近程度有所倒退。有时又相反,母亲希望能让自己的孩子更加自立。对婴儿而言也是同样的情况。某些时刻,婴儿会把自己想象成一切欢愉的创造者;其他时候又会因与母亲分离而焦虑。我们还只是处于波动阶段,没有什么能够导致母亲和孩子同时处在共生或分离状态。正是通过这种冒险、这种从不停歇的调适阶段,对自我的感知才会显现出来。

而这种调适阶段对自闭婴儿来说是至关重要的时刻。他们无法把握牢固的基础,因而也无法与母爱环境建立牢靠的关系。这种关系的缺失会导致他们无法掌握交流的基本工具。

我们接下来要讨论的正是这种调适机能障碍。

言语调适

家长们所描述的一些情况,如睡眠良好、没有进食困难的孩子在刚开始建立人际关系、学说话、控制大小便时表现出灾难性的退化,我们称这种情况为继发性自闭(今天我们更愿意称之为非典型性自闭)。绝对不能否认神经、遗传或其他原因导致这种自闭性退化情况发生的可能性,然而,我认为,这些孩子没能把他们的归属感基础建立在稳固的早期感知之上,由于这种脆弱,他们无法承受意外变故、生活环境和范围的改变。这些变故对于很多孩子来说无关紧要,但对他们而言则是一种巨大的创伤。当这种退化出现时,家长们却表示没有发现任何人际关系障碍,孩子这种原始机能的退化多么可怕!尽管这些孩子表面正常,但有一个共同点能够并且应该在早期就被注意到:这些有自闭倾向的孩子从不会发出请求。而后,当退化的进程开始时,此前已学会的对大小便的控制消失了,目光游离或躲闪,尤其是已经开始学说话的孩子变得一言不发或甚少说话。就好像孩子无法掌握或是存储父母声音的正弦曲线,对父母的抱持无动于衷。然而,正是对这些声音变化的理解、对这些怀抱的感知使孩子产生一种渴望,想要通过牙牙学语参与到这片环绕自己的声音之中,以此作为建立关系的基础。

这些是言语调适的第一步,同样会让孩子产生理解这些变化的话语并作出回答的渴望。

唐纳德·梅尔泽在谈到自闭症中的缄默症时,强调道:

"孩子必须具有完善的心理机能来组织模糊的思想,以使这些思想可以通过多种手段传达而不仅简单地借助于排泄。"(Meltzer, 1980)

他还补充道:

"应该有一种把模糊的思想转化为语言的器官;这种器官由内部化的会说话的客体组成,由这些客体出发,以及对这些客体的认同（或是自恋式的认同，或是吸收式的认同），通过这一进程，我们可以掌握一种代表心理状态的深层音乐性语法。"（出处同上）

他接着强调，正是在这种深层音乐性语言的基础上，表面的词汇语言"同时被感觉到"。

梅尔泽所提到的这种音乐性语言与我对声音初期认知的假设不谋而合。很明显，婴儿并不是对听到的词有感觉，而是对话语中所包含的感情有感觉。我们可以推测，对于某些自闭儿童，在其保护层深处会产生这种感觉。对于其他人来说，这种可以表现出心理状态的感觉正是通过对"音乐性语法"的感知而产生。但对于其中某些婴儿来说，一直都体会不到这种对声音的情感感知，在努力理解这些词的过程中所遇到的困难，仍然是造成焦虑和逃避现象的根源。

那些无法达到这种感知高度的孩子有很多，有些会一直都无法达到，还有一些能够跨越这个阶段理解自己和周围人的思想。这种理解只有在对词语的理解中出现这种音乐性语法时才能得到实现。

在《某个人，某个地方》（Quelqu'un, quelque part）一书中，唐娜·威廉斯（Donna Williams）写到自己童年时的自闭状况：

"自闭先于思想……自闭先于声音……自闭先于词语。"（Williams，1994）

目光调适

在持续不理解的情况下，我们可以想象逃避目光是面对这个神秘又陌生的世界时所做的自我保护。在过度视觉感知的背景下，会感到这个世界中他人的目光是攻击性、入侵性的，并且无法理解其中的含义。大量经验表明，在自闭者的视野焦点和周围的视野间是分开的。这是否是回避他人目光的原因之一呢？最近一位患有阿斯伯格综合征的女工程师向我证实，为了表现得有教养，她看向眼睛上方以使他人相信她真的在看！

唐普勒·格朗丹（Temple Grandin）谈到，在一次电视节目中，需要人们向他解释目光的功能。于她而言，听见并且理解他人所说就足够了，她无法想象面部表情对理解有什么作用。我们再次引用唐娜·威廉斯的话，关于镜子，她写道：

"我的世界保护着我，我讨厌一切引我出去的人和物……我在镜中的影子，完全可以预见又那么熟悉，是唯一可能的人选。我看着她的眼睛。我试着去摸她的头发。随后，我对她说话。但她永远固定在我无法进入的那一面。"（出处同上）

尤塔·弗里思（Uta Frith）提起艾伦·莱斯利（Alan Leslie）的"精神理论"时谈起自闭儿童学习"眼睛的语言"的困难，即："无法使用和理解与特定心理状态相关的信号"，也无法认识到这些。

因此这些孩子的感官呈现无法交错的状态。在严重自闭阶段，他们听到和看到的只有少量意义或没有意义，并且也无法构成意义，听觉、视觉、触觉和味觉间没有任何可能的联系。一切都在眼前，但大多数自闭儿童无法理解他们所看到的东西。可以把他们的感官空间比作一个盒子，里面装着散开的零件，这些零件却不可能被组装起来。这种机能障碍使我们来到无法理解因果关系的核心。

我们体会到温尼科特为何认为"母亲和家人目光的镜子作用"

如此重要，

> （在这些目光中）"婴儿看见了自己并学着去认识自己。当我看时，别人看见了我，因此我是存在的。我可以让自己去看并看见。于是我用一种创造性的方式去看，并且我所去看的，我同样也看到了。"（Winicott，1974）

因此正是通过目光交流，婴儿以及随后的幼儿逐步将他们的感官能力同客观认识周围环境的能力归纳在一起。只有这样才会出现人际沟通，而人际沟通则打开了通向主观性的大门。

我们同样认识到拉康（Lacan）赋予镜像阶段的首要作用，在这一阶段，主体在对自我的感知中同化他者的形象（他称之为"自我疏远"）。在这一背景下，玛丽-克里斯蒂娜·拉兹尼克（Marie-Christine Laznik）提出了自闭病理学的基石之一，她写道：

> "他人的目光是自我和身体形象的最重要构成部分……在孩子来到世界上的第一个月，母亲和孩子之间无目光交流，尤其是在母亲未意识到情况下，可以推测为自闭症的症状之一。"（Laznik，1995）

拉卡米尔在谈到精神分裂症患者时，向我们展示了所掌握的他们与世界之间关系的形象。这段描述与我们记录的自闭儿童所经历情况完全一致。他写道：

> "客体将自己置于真空之中；没有任何支持，周围也没有任何东西；他们的世界没有网状结构……他人和她自己的任何形象都无法构成其与这个围绕在周围的世界建立联系的基础。"（Racamier，1980）

至此我们可以看出，为了构建他人的形象进而构建自我形象，婴儿应该感到自己身心都处在其中。然而，我认为感官交错的缺失使这个必然的需要变得十分困难。

当然,问题并不在于重新讨论这种目光交流的重要性,这种目光交流对于认识自我与他人都是必不可少的。但我认为,在第一时间,当孩子在一片声音和摇晃中诞生时得到目光交流,并且这种交流足够强烈且令人满足,只有在这种情况下,这种认识自我与他人的能力才会产生。这些认知可以让婴儿归纳必不可少的感知基础,去认识自身的内部以及外部。

从调适到调谐:常常是一个艰难的过程

因此,在声音、摇晃和目光的安抚作用中,父母会认识到自己的父母身份,婴儿也会从中找到最初使自己安心的客体。从一方面来说,这种交流使孩子得到满足;另一方面,只有在这种环境下,由一次次相继而来的分离划出的父母/孩子这段路程才能沿着一种结合在一起的轨道进行下去。这条轨道可以让孩子觉得这些分离并不是一种断裂,甚至,在严格的病理学中,是一种破裂,与此相反地觉得这些相继的过程是对于亲密关系的丰富。

弗朗索瓦·达戈涅(Francois Dagognet)在《大哲学家及其哲学》(Les grands philosophes et leur philosophie)一书中提到:

"柏拉图已经指出,二元性或者说二元可由两个单位相加得出,同样也可以由一个整体一分为二得出,二元可以产生两种相对的方式;因此,当我们身处一个生殖或是生产的世界中,根据本体论观点,二元或者被认为是一个加法——两个组成部分相融合——或者是一个减法,因为它产生于分割。"(Dagognet,2002)

于我而言，这种二元定义属于自闭病理学的范畴，婴儿不会出生于切断自身一部分的分割，但也无法摆脱构成的矩阵并一直困在那里。就这样处于一种最严重的情况，导致婴儿停留在主体之外。其实，没有第三者的介入，也就不会产生主体性。

引自拉卡米尔：

"了解俄狄浦斯情结的发展前景对于家庭和个人来说具有同等意义，这一前景由第二人的心理获取造成，接下来是第三人并且依次类推。"

然而我们知道，不是所有回避行为都像那些源自强烈焦躁情绪的回避行为一样严重。我们在某些早产儿身上看到这一行为，过早与母爱环境分离，尤其是当婴儿处于一种无力承受的抑郁家庭氛围时也会产生这种行为。这种针对现实的自卫性退化会阻止婴儿去听、去感觉，从而造成早期感知障碍。父母、尤其是母亲会因此极度慌乱，而一些亲子活动常常可以克服这种可能会导致真正自闭行为的情况。

这是安德烈·卡雷尔（André Carel）所指出的不幸之一，他在人际关系回避表格中写道，反常交流同样存在于最初目光交流时期。

他大致写道，最初，目光彼此寻找，而后，有时由于某些"不可判定"的原因，目光开始回避或变得冷漠，或干脆变得有侵略性并以某种方式阻断母子关系。因此在照顾和周围情感环境间存在一种悖论。我们再次看到早期照料以及预防措施的重要性，因为当母亲和孩子之间无法建立彼此吸引的关系时，会立刻产生自恋性创伤。

不理解，是初期人际关系中的主要问题之一，而这个问题自身并不存在病理。婴儿并不总是容易理解他人，面对某些情况时，母亲会感到非常灰心并产生不适当的反应。父亲也一样，会感到惊慌失措，常常会对我们说他们不明白为什么会如此艰难。他们说，对他们来说，"一个婴儿不应该成为问题"，很明显这对母亲毫无帮助——并且我们并不是在大家庭时代！这就是为什么这些母亲需要有效的支持。为了更好地理解这种对于帮助的需求，幼年时期发展情况的经验给了我们很好的证明，婴儿有时会表现出被孤立的状态以此向我们掩饰他们的真正困难。

身份的产生

不产生身体与心理的自我认知，孩子几乎可以说是被剥夺了完成自我的机会。不可能建立主体，孩子就丧失了认识人类客体的能力，随后也不可能理解无生命的客体或表面平凡的日常情况。我们知道，正是在认知和模仿中，运动机能和客体理解能力才有意义。但没有周围人的帮助，内部感觉和对现实的感知无法在第一时间交叉、连接。这就意味着婴儿可以建立人际关系，但在自闭儿童身上这种情况却不是自发的。

在关于婴儿发育的书籍（Lécuyer, 2004）中，杰奎琳·纳德尔（Jacqueline Nadel）（心理学家，萨勒贝特里埃医院研究员）针对模仿的重要性写道：

"模仿有两种作用：'模仿'和'被模仿'……模仿具有实践代表策略的意义，用来实现他人对我们行为的期待，并表达我们对他人行为的期待，同样可以预先显示出语言的目的。"

但当一个婴儿以及幼儿感觉自己面对一个在感情和功能上都

属于无意义范畴的世界,我们可以提出假设,在很长一段时间之内,维持他们生命的并不是经验转化而来的秩序,而是一种生存本能。在这种情况下他们怎么能够达到身份归属感的认知呢?对此,我们的帮助还是必不可少。

例如有些自闭儿童在运动方面似乎非常擅长,他们具有难以置信的平衡感。要求他们通过模仿再做一遍刚刚做过的事情。即使表现出足够的认真去观察要模仿的人,我们会发现他们也无法通过启发性的模仿重新做一遍他们能够自发做的事情!因此要求他们去模仿是一个错误。反而模仿他们常常会引起一种非常重要的相互模仿。在自闭人群身上,观察力是出人意料的,我们可以认为他们的观察力只在与好奇心相关时才会出现。

皮亚杰(Piaget)在1972年写道:

"我们可以假设思想的象征性方面来自于模仿,模仿保证感觉运动性与表现思想的交叉,同时为后者准备了必要的符号体系。"

即使又是在重复——但毕竟是这些自闭的孩子让我们一直重复的!——我必须重申,以看起来自发的方式什么都无法产生,早期感知无法在这种自发性中得到建立,而它们将构成人际关系及随后的人际沟通的基础经验。

第二章
关于自闭障碍的原始资料

自闭:开放性问题

卡纳(Kanner)在1943年提出的儿童自闭症的定义被沿用至今,而今天我们可以更准确地评估自闭儿童在成长及能力方面表现出的重要差异。有些孩子仍然因心理缺陷存在封闭问题,而另一些预后判断并不明朗的孩子在将来却会有惊人的转变。我由此想到弗朗索瓦,他在2岁的时候表现出如此严重的"封闭",以至于旁边的敲门声都不能惊动他。我还想起西里尔(Cyril)看都不看地一边大喊着"是"一边冲过来抱住我们的腿,而他在5岁的时候开始认字,之后开始说话,最初只能说元音而后逐渐加入辅音。他现在正在一个成年人的帮助下读预科课程。对于利奥·卡纳(Léo Kanner)所观察到的关于交际、社会化、学习和行为方面的问题,应该补充以下几点:

- 对社交和感情信息的不适当判断;
- 语言使用和理解困难,甚至缺失;
- 由于保持不变所造成的想象力极端匮乏;

- 客体关系建立上的重大问题，自闭儿童的图画和语言反映出这一点；
- 经常出现群体融入的困难；
- 对客体和游戏情况与功能片面掌握，甚至彻底不理解。

这里列举的与所谓高功能自闭儿童相关的情况，与阿斯伯格综合征患者的情况有明确的区分。在高功能自闭症患者身上，交际障碍以一种非常积极的方式发展，语言彼此关联，智力发展得到保证且爱好多样。同时，自闭情况在初期与那些发展不那么积极的孩子同样严重。

这与罹患**阿斯伯格综合征**（syndrome d'Asperger）的孩子的情况完全不同。奥地利儿童精神病科医生汉斯·阿斯伯格（Hans Asperger）在1944年描述了这个以自身名字命名的病症；要知道患病儿童在社交反应方面严重并持续恶化，且并未推迟语言习得，通常智力水平较高但只集中于极少的、甚至是唯一的兴趣。尽管明显具有这些心理能力，他们的选择性与人际关系机能障碍使交流变得困难，因为他们完善的语言能力并未被用作人际关系方面的工具，又加剧了人际关系机能障碍。他们几乎是在为自己讲话，毫不顾忌交谈对象是否对此感兴趣。

无论如何，自闭病理方面的重要差异在今天仍需进一步讨论。而且，我们是否可以谈到自闭的共同根源，或者，我们应该思考所有这些认知和心理发展严重障碍是否因不同原因或根源造成？

的确，如果说某些症状总会出现，如在社交关系和沟通能力方面的欠缺，那么无论是在习得节奏还是习得所需的必要工具方面，天分发展水平都是极为不同的。对于劳伦·密特朗（Laurent Mottron）教授（蒙特利尔大学）来说，任何认知类型，如精神理论、执行能力欠缺类型、中枢协调欠缺类型，都不能完全作为自闭障碍的标志，因为那些在一些人身上可以作为判定理由的状态，在另一些人身上可能会彻底消失。他的研究团队和他自己同样还指出，根据孩子年龄的不同，所表现出来的症状也有极大不同，尤其是当孩子的智力没有受到影响或受到极小影响时。

我们对认知评估具有极大的兴趣，因为这种评估可以让我们不必将注意力集中于各种教育模式上，尽管这些教育模式可以认定最有利的学习方法，如通过模仿、运动机能、或者感知。我们随后会讲到以上内容……但我们很遗憾地看到，在2012年3月出版的HAS中，完全没有对这种投射评估的要求，而这种评估可以得到大量与潜在心理机能和自我认知过程相关的重要信息。

尽管我们还远远未能了解造成自闭症的根本因素，但我们试图通过研究婴幼儿"正常"成长过程来更好地理解这些因素。因此我们将看到，某些孩子无法经历这种成长过程，而是保持一种停滞或是不完整的状态。

我将参照以下专家的著作：儿科医生布雷泽尔顿（T. Berry Brazelton），遗传心理学家让·皮亚杰（Jean Piaget）和丹尼尔·斯特恩（Daniel Stern），认知心理学家尤塔·弗里思（Uta Frith）和艾伦·莱斯利（Alan Leslie），精神分析学家拉卡米尔（Paul-Claude Racamier）、迪迪埃·安齐厄（Didier Anzieu）、埃丝特·比克（Esther Bick）和梅兰妮·克莱恩（Melanie Klein）。

其中某些观点已在前文引用过，但在这里，通过这些专家的著作，我们将更清晰地揭示出正常与病态之间的界限、或者从正常到病态的转变过程。本书还将指出这些早期研究方法之间的关联与区别。

这些专家一致承认，在产生运动、智力、心理和社会行为的根源中，遗传、神经官能与环境影响之间存在一种持续的联系。他们同样强调了这样一个事实：孩子成长的各个阶段不会消失。恰恰与此相反，一切都彼此相连，(更形象地说)从地窖到谷仓。要知道在某些艰难的时刻，地窖这个避难所能够带来极大帮助！

但我们同样知道，一直躲在地窖里面并不能很好的生活，而我们那些自闭的孩子却没办法离开这些地窖。某些自闭的孩子甚至不知道怎样照亮他们的地窖，就这样一直生活在黑暗之中。今天，我们知道怎样更好地帮助他们脱离使人麻痹的焦虑，怎样帮助他们自我构建，因为我们所采取的措施中结合了多种方法。

布雷泽尔顿或本能相互作用

在《家中的三个孩子：劳拉、丹尼尔和路易》(*Trois bébés dans leur famille Laura, Daniel et Louis*)一书中，为我们设计出一套新生儿行为评价量表的美国儿科医生布雷泽尔顿谈到新生儿的预先既定行为，这些行为会本能地产生于人际关系和相互作用环境中。他指出在多大程度上"新生儿的很多预先既定行为会引起父母的及时反应"，例如当婴儿听到父母声音回头时，父母所体会到的满足感，并且他补充道，"在养育一个婴儿的同时，成年人对自身的认识至少会像对其所照料的孩子一样多。"

在其对新生儿评价量表的介绍中，布雷泽尔顿参考了约翰·鲍比(J. Bowlby)关于先天"依恋"行为的论文。这种行为随后会发展为婴儿与环境之间的相互作用，并且会吸引母亲的陪伴与注意，布雷泽尔顿写道：

第二章 关于自闭障碍的原始资料

"我们可以将新生儿的观察——和在父母身上引起的反应——设想为建立母亲/父亲/婴儿关系及其结果的最佳先期因素。"(Brazelton, 1983)

但他随后同样提及了遗传和子宫内时期对婴儿心理及行为的影响。对布雷泽尔顿而言,这种新生儿行为评价并不是用来诊断病理的,而在于更好地理解"那些聚集在一起、决定孩子未来成长方向的因素"。

然而当布雷泽尔顿做出如下断言时:

"面对刺激——内部或外部——孩子用来保持控制的反应是其自身潜能的体现",

难道他没告诉我们还会有以下情况吗?在孩子出生后,可能会存在重大机能障碍,导致失去这种潜能,无法对内部或外部刺激做出反应。

那些前来咨询的父母经常会向我们描述,他们的孩子对触觉和声音刺激都很冷漠。那些婴儿有时会专注于空间中的一点,而我们不知该如何吸引其注意力。那么一个似乎没有准备好面对周围环境的孩子要怎样去学习理解并管理这个环境呢?这项艰巨的任务通过父母与孩子之间的交流完成。如果由于重大机能障碍导致这种交流减少直至消失,婴儿将只能陷入自闭性抑郁之中,在这种情况下什么都无法吸引他,什么都无法使他满足,声音和摇晃不行,目光和触觉也同样不行。我要在此重申,由此我们就很容易理解,这样的婴儿几乎无法使父母满意并使他们陷入不解之中!

这种情况会给父母造成巨大的痛苦,并会由此产生许多令我们难以置信的罪恶感或恢复过程!但请注意,不要急着对以上这些反应下结论。罪恶感、焦虑、抑郁需要发泄的途径，其背后常常隐藏着真实的情绪。否认是对这些情绪最明显的表现。

我们无法阻止那些来自父母方面的身体或精神上的虐待，但在这些处于困境中的孩子身边，我们所看到的奉献、理解及敏锐的分析远远多于放弃和缺乏关爱，即便有些关爱可能笨拙或是太具有侵略性！我们的任务是将这种关系引导至一定的范围内，而不是强调这些孩子的困难，而现在的情况却常常是在强调这些困难。过多帮助（常常是由于厌倦）、过分宽容、过于忧虑都无法帮助孩子。恰恰与很多人的想法相反，这些孩子和其他人一样，甚至更加需要学习去认识、遵守规范和限制。

我最近遇到一位教育工作者，她向我抱怨自己负责的孩子中，有一个总是把盒子里的珠子倒出去，再将其他东西放在盒子里。而当我问道："那您不管他吗？"她却完全惊呆了。

另一位教育工作者接着问道："那么皮埃尔怎么办呢，他总是站起来逃走？"她同样吃惊于我的回答，因为我说："您要阻止他站起来！必要时您要温和却不失坚定地坚持，直至他理解您对他的期待。但是，您也要理解他为什么站起来，是否因为您要求他完成的任务过于复杂，或者逃走是不是因为于他而言坐在原地毫无意义？"

让·皮亚杰对于心理与认知的结合

在《遗传心理学问题》（*Les problèmes de psychologie génétique*）一书中，皮亚杰首先就表现出对连结精神和心理活动的兴趣，他写道：

"将会有那么一天，认知功能心理学与精神分析将不得不结合为一种普遍理论，这种普遍理论又将不断修正前两者，从而使其得到改良。"(Piaget，1972)

随后，皮亚杰又写道：

"认知结构是一种个人能够并应该使用的连结系统，该系统绝对不止局限于个人的意识思维，因为与其他系统相比，它更能够决定思维的某些形态，而根据各个阶段的发展水平，这一过程的无意识资源可以上升至神经与器官的协调。"(出处同上)

从结合心理和认知的角度出发，皮亚杰谈起"认知抑制"、"抑制机制"和"无意识抑制"，这些将阻止人们意识到使其从无意识的低级阶段过渡到意识的高级阶段的某些因素，这种高级阶段可以在人体机能中所表现出的基础方面给我们以启发。

在《心理学六项研究》(Six études de psychologie)一书中，关于婴儿，皮亚杰向我们指出以下问题：

"实际印象和感知印象与自我感知到的自我和外部客体均无关联：仅仅作为一个未被分开的整体传递，或展开于同一平面之上，这一平面既非内部也非外部，而是处于两极之间的半途之上。"

而我们看到关于婴儿时期方面，当今的研究者们具有不同观点。

最终皮亚杰参照实际中 0 到 2 岁婴儿智力发展的四个基础阶段，了解幼儿在认知客体、空间、因果关系及时间认知发展上的不同等级。

以上引用向我们表明了皮亚杰思想在现今的影响，其思想表达了每个孩子自身的原始数据，并且连接了内部与外部、无意识和意识的实际经验。

时至今日,仍然有太多的护理者和家长没接受过培训,并完全否认自闭儿童的心理机能障碍及其对于交际和学习的重大影响。通过对他们的倾听和观察,我有时会觉得他们将自身的一部分抛入一种特别的防御性区域之中。这一区域在于使他们自己相信,他们本身的认识及能力仅仅建立于一些神经数据之上,并且这些神经数据与所有渴望、冲动、愿望及幻想无关,而这些恰恰是良好心理机能必不可少的因素。

然而,难道我们还未触及自闭儿童问题本身的核心吗?这些孩子仍然是皮亚杰所说的"未被分开的整体"和在"两极之间",处于一种难以理解的状态,并使这些孩子成为家长和护理人员难以承受的"透明"真空。要想使这些孩子变成我们所幻想的那种活生生的客体,需要我们展开真正的斗争,否则我们无法抵抗这种真空;通过我们称之为"辅助自我"的中间阶段,我们给予这种真空原本属于我们自己、但我们一直试图在其身上引起并与之分享的思维、图像、情绪。在此我要再次强调,这一切都需要我们的想象力、创造力一直保持活跃。

丹尼尔·斯特恩的"自我意识"概念

美国心理学家丹尼尔·斯特恩在《幼儿的人际世界》(*Le monde interpersonnel du nourrisson*)中提出假设:婴儿拥有"自出生起(如果无法更早)就形成的在先于语言的自我意识"。这种自我意识涉及"唯一且合为一体的身体"这种生理上的统一,同样也涉及时间中的连续性、意向性、情感体验以及分享。在持续的连接中,它们相互影响和作用,因为"自我意识及其相对应的对他人的意识,是对我们全部社会经验具有深刻影响的普遍现象"。

他还写道:

"通过'自我意识'一词,我想表达一种不变的意识模式,这种模式只出现于婴儿心理作用或心理进程中(……)这就是日后被称为'自我'的主观经验和组织经验(……)婴儿具备某种先期准备以拥有自我组织进程意识(……)

在最初或婴儿早期永远不会混淆自我和他人。他们已为应对外部社交事件做好先期准备,永远不会体验到自闭阶段。"(Stern,1985)

并写道:

"在婴儿早期某些阶段特有的成长任务中所需面对的问题在此被认为会终生出现,基本上,这些问题在整个成长过程中发挥同样的作用而不仅是在成长的某些阶段。"(出处同上)

然后斯特恩描述了这些早于言语的不同自我意识的不良发展,其中:

"严重紊乱可能会导致正常社会机能的不良发展,甚至会导致精神错乱或严重社交缺陷:特定生理活动中自我意识的不良发展,会导致自身行为的无归属感;生理统一的不良发展,会伴随分割或人格解体经历;连续性的不良发展,会感受到暂时的分裂;情感性感觉的不良发展,会导致自我意识的缺失。"(出处同上)

根据斯特恩的观点,我们脱离了皮亚杰关于"未被分开的整体"的假设,因为尽管表达方式不同,在这一点斯特恩与梅兰妮·克莱恩的观点不谋而合,即认为婴儿自出生起、甚至在出生前就作为主体存在。因此他否认婴儿会经历一个正常的自闭阶段的超前假设。然而,谈及自我意识的不良发展,斯特恩向我们展示了在建立归属感的过程中,这些不良发展会造成的大量困难。

如果斯特恩的假设是准确的,我认为自我认识的病理只会产生真正的混乱,因为没有得到任何身体标志和感官标志。但这并不意味着这些孩子的被剥夺了感觉。恰恰相反,自闭儿童常常是其超常感官能力的受害者。而由于无法管理这种感官能力,无法在听觉、视觉、嗅觉、味觉和触觉间建立关联,自闭儿童被拖入强烈的焦虑之中。焦虑会导致防御性的高紧张性或低紧张性,造成严重的睡眠障碍、反复性呕吐,而当这些孩子可以更加自主时,焦虑会导致深度收缩,对自己或他人具有攻击性,甚至是刻板的恶性复发。

此外我们还可以补充,这些不良发展会对最初的记忆痕迹造成极大苦难,根据弗洛伊德的观点,正是这种投入才使得记忆过程得以稳定。

尤塔·弗里思的神经病理学

尽管在儿科学和遗传学方法中,父母—婴儿之间的关系在意识和无意识阶段的巨大影响被广泛提及,对于很多人来说,婴儿成长的基础仍然属于刺激反应领域。

我们对此很遗憾:某些认知学家完全没有考虑到心理对于习得的影响。因此尤塔·弗里思在做出神经病理学假设,将情感和情绪机能障碍从感情和关系表达中排除。于她而言,心理化、"考虑他人情绪"的能力基于她所说的"信息拼织",这种拼织对于获取"逻辑性组织"必不可少。弗里思将自闭障碍的根源归因于中枢神经系统病理，并且参照中枢神经系统病理，她提出"机能障碍会影响到中枢程序——仅此而已——这就是协调的本能"。她同样强调这一事实，区分自闭症与其他心理病理的早期标志之一便是孩子与母亲间缺乏彼此关注。即孩子不知道可以与母亲分享一个要求。因此他不会看向母亲，也不会试图用手指去指出所要求的物品。尤塔认为，无法承认"他人想法的存在"的根源正在于此，并且她推断这也是阻止母亲了解孩子心理状态的主要原因。因此她将交际自闭障碍仅局限于神经病理与认知后果范畴中。

"自闭症方面的问题并不是周边性问题（……）它并不涉及感觉器官，而是与心理器官相关（……）心理动力学方面的解释没有任何意义。"（Frith，1992）

问题并不在于对尤塔·弗里思所完成的工作重新提出讨论。它向我们提出了自闭障碍的重要来源，但我完全不同意心理病理能够以完全自主的方式发展，而不对感觉机能和心理动力机能造成任何影响。我将会继续研究，去确认现在仍处于开放状态的、造成这一问题的主要根源，去了解会引起其他机能障碍的起始机能障碍。无论这一障碍是什么，心理与认知的分离都会造成严重问题，因为它们本应彼此同体，而在自闭症中却并非如此。

为了帮助自闭症患者，我们应该相信，如果不能考虑到他们的这种分离，我们就无法采取有效的方法，因为这种分离常常是造成大量不协调的根本原因。

的确，我们不能否认协调在人类机能中的巨大影响，但我们之中的每一个不是都有过这样的艰难时刻吗？担忧、恐惧、焦虑使我们变得无法协调？我认为，如果情感因素无法保持内部的融洽状态，协调就无法得到建立。

在此方面，极少有教育机构懂得这一点。然而教育工作者和护理人员现在承认他们的言语或手势鼓励与情感说明的重要性。

艾伦·莱斯利的"元表征"缺失

莱斯利假设正常婴儿自出生起便具备某些与时间、空间、因果关系等概念相关的基本能力。1987年，在《心理学评论》(*Psychological Review*)中，莱斯利解释了自己所提出的"心理理论"，即对"假装"的表征与理解能力。他将自闭病理描述为，极端的困难，甚至是一种机能不全，无法进入这个表征的世界，以及进一步进入他所提出的元表征世界（我们可以将其与精神分析学家所说的进入象征体系进行比较）。但他所说的精神世界仅来自心理机能。这种元表征通过拆分完成，也就是说，从理解文字语言到理解说话人心理状态，这样可以感知思想的实质。

因此莱斯利提出一种心理结构，在这种心理结构中，先天能力将会缺失或处于一种冻结的状态，从而使表征的各个阶段在心理过程发展中停止。尤塔·弗里思提到，是否"知道我们知道"就是"知道"或能够从字里行间读出或者从话语中感知潜在的内容。

是否应该因此提起不可逆性？大量例子可以向我们证明相反的一面。是否"假装"，就是给予目标作为象征的表征能力？例如，小孩子拿起一只香蕉放在耳畔说"喂"或是将一些莫名其妙的话。这就是在手势或言语上，试图去欺骗、愚弄或是哄骗其他人；戏弄、幽默和谎言，这些无疑属于我们所说的第二阶段。本质上，假装的能力表现出人作为思想者的本质。

但是为了获得这种能力，首先要学习自身和他人在各个方面

第二章 关于自闭障碍的原始资料

的相同和不同之处,以及这些相同和不同之处是怎样构成的。必须能够体会并接受分开和造成距离的一切。最后还需要孩子通过不断经历母爱环境的在场和缺席,来一点点掌握客体的内在形象。当发现孩子开始在父亲或母亲不在场的情况下,以幻想的表情叫着"爸爸"或"妈妈"时,那些年轻的父母有多么吃惊。正是通过表明缺失,孩子向我们表现出他们已经进入表征及客体持久性的存储阶段。这也是弗洛伊德所描述的,孩子在卷筒游戏中,在扔出和拾回时分别喊着"出发/回来"(fort/da)。这也正是温尼科特所说的,他向我们证明了过渡性客体的功能。这种客体是一种对自我/非自我的拥有,以及孩子和母亲间的界限。它代表了一种关系,一种必不可少的关联,正是由于这种客体,孩子能够更好地接受分离,尤其是睡着时与母亲分离。但是这种由共生向分离的缓慢演变来源于哪里?它的产生工具有哪些?

我认为这里涉及早期感知,因为正如我在第一章所说的,对于空间、时间以及三维性的认识正是建立在早期感知之上的。因此任何对于子宫内经历与子宫外经历之间关系的不理解都是灾难性的。在这种情况下,身体、心理、认知和感觉会被分割开来,彼此之间无法连接,这种极端的分离使自闭症患者无法理解或在内心世界与外界现实中建立任何联系。

怎样帮助他们减少这种分割呢?

- 通过进行一些游戏和活动,帮助他们连接不同的感官方式,如听觉和视觉、嗅觉和味觉等,这些事他们无法自发完成的。
- 通过语言或手势,强调感觉器官和运动机能间表现出的关联。
- 通过我们的说明,使他们获得区分各种情绪的能力,这些情绪是由其身边各种活动及人际关系状况引起的。

- 像父母对婴儿或更大一些的孩子所做的那样,对他们表现出一些言语或身体上的刺激(如逗弄)。与这些婴儿和被封闭的孩子在一起,要继续坚持去创造、去想象,有时几乎需要一种英雄主义精神,但只有付出这样的代价,我们这些父母和专业人员,才能帮助他们脱离这种无法获得新经历的不变状态。

以下将引用三个简短的临床案例以说明以上内容。

打破亚瑟孤独的拖拉机

亚瑟三岁。他不见了。他在哪?没人知道。他在做什么?什么也没做……他一直蜷缩在地上,抓着一辆黄色的塑料小拖拉机,有时他会转动左侧的后轮。幸运的是,我有一辆很相似的拖拉机,就像是他的小拖拉机的兄弟。一小段时间之后,我决定不能让这个孩子再待在自己的孤独之中。我拿着自己的拖拉机,让它在旁边一边"隆隆"响着一边慢慢驶过一小段路程。然后我拿起他的手,试着帮他做出同样的事。他反抗,我没有再坚持。我决定用自己的拖拉机去撞他的,并且在"隆隆"声后紧随的"砰砰"声来强调这场事故!(我在词汇上取得了进步!)一段时间之后,亚瑟看了我几眼,然后把自己的拖拉机放在了地上。他还是没有让车去行驶。我再次试图让他跟我一样做,而这次他没有反抗。几次后,我决定将自己的拖拉机藏在垫子下面。因为他没有反对,我自己掀开垫子说"啊,它在这儿!"随后我同样把他的拖拉机藏在垫子下面,掀开垫子直到他自己掀开垫子拿出拖拉机。然后我将改变藏拖拉机的地方,这样引导他掌握这种客体的永久性。我之所以强调"这种"一词是因为想要这样的持久性得到普及仍然需要时间。

第二章 关于自闭障碍的原始资料

一天，我走在前面带他去候诊室找妈妈，当我回头时发现他不见了。在走廊另一头的拐角处，我发现了一颗小脑袋，而当我看向他时他又缩回去藏了起来。于是我喊道"咕咕，他在这儿！"，他第一次笑了起来。然后当看到妈妈惊奇地看着自己时，他冲向了母亲的怀抱，这是此前从未发生过的事。在这里我们来到了逗弄阶段，发展过程中的重要手段。

欧尔唐丝，从沙发避难所到沙发游戏

欧尔唐丝四岁。一来到接待她的房间，她就选择了一张蓝色布艺小沙发，躺在那里。我们几乎是强制她离开那里，参加一些活动，然而一旦有机会，她就跑回沙发重新躺在那里，甚至睡在那里。教育工作者们感到很灰心，不知还能做些什么。太过强硬会使欧尔唐丝发狂，而温和的话语会被无视，我们又觉得直接拿走沙发太过强制。于是我建议不要再试图使她离开沙发，而只是简单地让她坐起来，轻轻拉她起来，让她不能躺在沙发上，同时对她说"不，欧尔唐丝，不要在这里睡觉，坐起来，我们玩游戏"。然后我们为她拿来一个毛绒小玩具，用小玩具轻轻摸摸她的脸或者玩些其他交流游戏。

一段时间之后，这个小玩具对她来说变得必不可少，她一来到这里就拿起它，但……她还是会躺在沙发上。我们很生气，用一种适当的语气对她讲话，拉她坐起来。她没有反对，坐了起来。又过了一段时间，她进入房中，拿起她的小兔子，走向沙发，躺下，看着走向自己的教育工作者，自己笑着坐起来。游戏得到建立并将持续一段时间，直至她能够坐在自己的桌前，参与到学习活动中。

> **艾尔维与平息的暴力**
>
> 艾尔维9岁。他非常暴力,以至于先后三个教育工作者都对他很灰心失望。在很长一段时间内,我们之间的会面(至少对于我来说)都是一场真正的噩梦。
>
> 当他一进入室内,就冲向我,用头猛烈地撞我。他抓伤我的胳膊,抓破我的衬衫或外套。直至某日,出于某种直觉,我决定不再等着他攻击我,而是模仿他,猛冲向他。蹲到和他一样的高度,微笑,然后站起来对他说"不,不,不是这样,是这样",我摸着他的后背和头。他呆住了,看着我(这是极罕见的),然后坐下。我这样重复做了很多次,还使用木偶和胶皮小动物这样做。直至有天他自己进入我的房间,冲向我,在碰到我之前停下,然后再笑着重新跑过来。这种"假装"意味着他暴力倾向的终结。

如果这些表征的过程没有一个协调的演变,即使没有将它们分割,孩子也将不会或很难体会到他人经历的各种情绪。

我们可以做出如下总结,不应将这种机能不全极端化。我常常看到这些孩子身上会生出一种对相互影响情绪的认识,这种认识向我们表明了在心理与情感周围有多少矛盾的奥秘,以及我们距离完全理解有多么遥远!

自闭与精神分析

这些孩子无法意识到自己的感觉,也不会向我们表达,这些都足以让我们感到他们的情绪仅属于本能的无意识行为。我想起1997年蒙特利尔峰会上,一位加拿大同行引起的争论,他向我们提出,自闭症患者没有无意识!那么让我们回到"意识/无意识"层面,因为我的看法与之截然相反。

我们有时会经历某些时刻,常常出于难以解释的原因,感到我们通常所说的"情绪低落"。这些孩子受到这种情绪低落的侵袭,这种情绪低落是由难以解释的恐惧、抛弃和分裂的经历造成的,或者更多是由于既不理解自己、也不理解、无法区分的外部世界所导致的可怕感觉。

精神分析学家试图去理解,并通过强调幻想和防御的重要性帮助这些孩子理解,正视其真实经历的这一方面。最初的人际关系,即某些人所说的与母亲的共生关系,只有在被纳入、吸收、包含在孩子心理机能中的情况下,才能向有利的方向发展。但这个过程是如何开始的,婴儿的心理器官处于何种机能水平之上,哪些演变能够使他们逐渐达到自我的自主?

小孩子常常会问"小宝宝是从哪来的?"而不是"小宝宝是怎么做出来的?"从自身角度出发,在强加给他们"哦,你要知道,小宝宝来自很远、很远、很远的地方……"这种技术性细节之前,我很想回答他们,因为婴儿同时是系统发育、个体发育、心理动力学、历史、甚至是文化的漫长的历史承载者!

在这些沉重的遗产中,孩子会开辟出一条充满陷阱、绝境和使人迷惑的发现路线,因为那些需要服从的心理机制中,大多数脱离于意识之外。我们已经认识到,当离开母亲的身体时,婴儿所经历的这种最初未知的分离有多沉重,他们的早期感知有多脆弱。

拉卡米尔和原始悲哀

将自己最好的作品之一命名为《起源的天资》(*Le Génie des*

origines），拉卡米尔将我们一下子带入了问题的要害。正是出于对分离的这种看法，他认为自己所说的先天悲哀尤为重要。

> "通过原始悲哀一词，我想表达一种基本心理过程，通过这一过程，在出生伊始，自我便放弃了对客体的完全拥有，告别绝对自恋性统一和未定存在的稳定，而正是通过这种建立自身根源的告别，婴儿发现自我和客体、进行内在性创造。（……）因此我们接受失去作为得到的代价。"(Racamier, 1992)

因此，根据拉卡米尔的观点，原始悲哀决定一切面向世界的能力。但正如弗朗塞斯·塔斯廷（Francès Tustin）向我们所暗示的，某些婴儿没能发现必要的工具来完成这项基础性的告别。他们从保护性的子宫中产生，进入一种心理分离的机能不全中。从这一角度来说，产生了一个现实问题：应该将早期的自恋置于何地，即当视自己为感情客体和处于某种奇异力量之中的时期，孩子是否将自己当作自身的创造者？这一阶段是转向力比多和客体投入的必经之路。于拉卡米尔而言，这种向早期自恋的发展要经过自恋性吸引阶段，他写道：

> "在这个被不恰当的称为共生阶段的时期，孩子和母亲建立起一种彼此吸引的关系，这种最初的自恋性魅力，目的在于保护自己的世界不受内部和外部兴奋的侵袭，保持不动、稳定和模糊。"(Racamier, 1980)

很明显，拉卡米尔认为孩子的存在与母亲的存在同样需要自恋性吸引时期，因为它是未来一切人际关系的基础，而这一阶段的持续将是灾难性的。如果无法从这种最初的人际关系中走出来，重新组合自我，孩子很容易陷入精神病之中。我们现在并未处于自闭范畴，在自闭范畴中，这种彼此吸引时期并不存在。而我强调这种彼此吸引仅仅是为了指出自闭症和精神病的不同，在我看来这是二者的主要区别。对此，玛格丽特·马勒(Margaret Mahler)写道：

"我们倾向于认为，在早期自闭的情况下，组织性障碍会影响壮年早期的组织，这种组织性障碍如此强烈，以至为了有利于自身运转，一定会破坏母亲的感知能力。在自闭症特有的障碍中，固定或退化至感官简化的早期类型受到质疑，这种障碍最明显的症状是，作为外部世界的代表，母亲完全没有被孩子感知到。似乎在现实世界中，母亲没有任何作为'导向的一极'的存在感……与此相反，在共生性精神病的情况下，孩子可以意识到母爱概念。渴望与'好的'部分客体相结合，避免淹没在'坏的'部分客体中，孩子在这二者之间游移不定。"
(Mahler，1973)

随后，她总结道：

"对于这些症状中的任何一个，我们都无法提到真正的客体关系。只有从客体关系转变到对人类客体的情感(……)才有利于情绪的发展和结构的培养。"

对于这种情绪和结构的发展——这些都是自闭儿童所缺乏的——拉卡米尔将其命名为"自我观念"。它类似于温尼科特的过渡空间，与此同时它接受"存在及其同质之间的区别"。而关于这种自我概念，拉卡米尔补充道：

"而在我们身上，是否存在一种由早期认同产生的人的存在形象？通过其介质，如果没有精神分裂症患者对会呼吸的客体所怀有的那种恐惧和憎恨，我们就可以靠近他人。这种对人的感觉，我称之为自我概念……在我眼中，自我概念继承

了冲突,我将这种冲突称为自给自足的自恋性保护与反自恋的客体愿望之间的原始冲突。"(Racamier, 1980)

丹尼尔·斯特恩的自我意识与拉卡米尔的自我概念确实有一个共同点,我们可以假设自我概念即是新生儿"存在的外壳"。然而二者在表现方面有很大区别,因为斯特恩的观点主要涉及心理行为和过程,而拉卡米尔将自我概念置于自恋出现、自我与无自我相遇、主体与客体相遇的时期。

这里又一次提出了这个问题,我们要知道为何在自闭儿童身上,自我意识的固有性和自我概念的产生表现出停滞状态。我并没有说以上现象不存在,因为如果真的没有自我意识和自我概念,无论我们提供怎样的帮助,都无法将这些孩子代入我们的现实世界中。

拉卡米尔提出原始悲哀决定面对世界的能力,那么怎么完成这种原始悲哀呢?怎样与那些我们不知道已失去或拒绝失去的东西告别呢?自闭儿童的蜷缩活动有助于我们理解这个问题,因为他们总是需要找到一个囊状的安全空间。当他们从严重自闭中走出来时,他们的焦虑危机更加向我们表现除了这一点,因为随着逐渐身处现实之中,他们丧失了这种自闭的避难所。

此外,这种分离由两个方面完成,很明显在某些情况下,母亲的**产后**经历非常糟糕,任何一方的分离都无法完成。我曾负责过一位母亲,直至分娩还没有为孩子买过一件衣服,甚至连床都没有准备。更加严重的是,孩子出生后,她既没有看过也没有抚摸过。这个孩子就像完全不是从她肚子里生出来的:自从孩子不再是她"身体的一部分",她就不认得他了。尽管具有严重的人际关系障碍,但这个孩子并不是自闭症,我完全不认为这些母亲的机能障碍会导致自闭。但与其他孩子相比,有些孩子在精神上更加需要母亲的怀抱,但遗憾的是,没有什么可以让母亲预先感知这件必不可少的事,而当母亲自身也十分艰难地度过这种最初分离时,情况更是如此。于是孩子必须单方面承担或者完全无法承担。

迪迪埃·安齐厄与子宫内幻想

在《皮肤的自我》(Le Moi-peau)一书中,迪迪埃·安齐厄(Didier Anzieu)强调了皮肤作为生理与心理外壳的重要性。他认为皮肤具有以下三点基本功能:

"皮肤的第一个功能:它就像一个口袋,内部装满了东西,哺乳、照料、话语等都在积累在其中。皮肤的第二个功能:它就像一个界限,将外界的东西限制在外部,就像是一道屏障,防止贪婪的入侵和来自他人、存在或客体的攻击。皮肤的第三个功能:就像是嘴,并且至少和嘴一样,是与他人交流、建立有意义的人际关系的最初场所与方法;此外,它还是记录这二者痕迹的表面。"(Anzieu, 1985)

长期讨论过实验方法(尤其是布雷泽尔顿的实验方法)与精神分析方法间的异同后,安齐厄写道:

"实验心理学与精神分析法一致认为,新生儿身上存在一种身体的前自我,这种前自我具有整合各种感官信息的冲动,具有与客体相遇、实施此方面策略、与母亲般的周围人群建立客体关系的倾向……"

但他要反驳的是"幻想"方面,在他看来,这是婴儿活动与母爱环境活动的对称。

他强调,婴儿最初的困境是强烈感觉到周围的神秘。他还表示,在认知学家和精神分析学家之间存在另一重大分歧。认知学家根据刺激反应图表研究人的行为,而精神分析学家,他们"研究幻想,这些幻想本身与无意识冲突和心理空间的特有组织相关"。

这种心理空间,安齐厄将其置于皮肤自我的建设之中。他认为皮肤是最初的感觉场所,对于胎儿也是如此,分娩时,出生的过程是一段摩擦和极度强烈按摩的时间。通过共同皮肤的幻想,母亲和婴儿间将出现一条可以向分离发展的界限,在分离的过程中孩子将被带入独立生存的状态,生存在"自己的皮肤"中。

但安齐厄同样写道:

"在共同皮肤的幻想得到建立前,新生儿的心理现象被子宫内幻想所主导,这种子宫内幻想否认诞生,表达了想要回到母亲身体中的最初自恋期所特有的渴望。"(Anzieu, 1985)

这种幻想让我想起了另一种可以确定自闭症世界的幻想,就像是"形象停止"幻想。婴儿无法使形象恢复运动,因此被迫停滞在机能不全中,无法在子宫外为自己建立这种共同外壳,母亲——婴儿,最初的心理外壳,有利于组织的保护中转站。这层外壳接替了胎儿长期生活的水囊。

这有助理解水对多数孩子(然而不是全部)行为的特别影响。的确,家长和护理人员都很清楚,洗澡就像是重建。在水中,身体感到更加一致的紧张,目光得到安置,脸上表情出现,甚至会发出出乎意料的声音。我还能想起在我们的接待团体中,三个机能退化最为严重的孩子共同沐浴的场景。

> 在第一次接触过水后,他们更加舒展地坐着,有时把头浸在水中,甚至小心地尝一尝已经加了肥皂的水;在第二次之后,这些彼此还不认识的孩子令人吃惊地开始有了交流,并在随后几次中不断进步。他们冲进水中,用小塑料桶在身上浇水,彼此对视甚至开始笑,最后开始欢叫着彼此追逐,因此我们需要一个术语来概括沐浴和浴室中的泡水。

某些护理人员在孩子离开水后会辅助进行一段同样"非常壮观"的按摩时间。这是罕见的时刻,我看到这些面无表情的孩子开始微笑,甚至自己转身以便于按摩身体的其他部分。

我同样要引用热纳维耶芙·哈格(Geneviève Haag)所讲述的电影"packing"中的场景("pack"是一种潮湿冰冷的包裹,与身体接触会恢复温暖,护理人员会以大量话语作为辅助)。在这种"pack"的过程中,一个自闭的小女孩表现出不常见的目光和活泼,但当护理人员出现过长的沉默时这些便完全消失了。Haag 激动地描述的这个片段充分向我们表明,在"封闭"情况下声音所造成的影响,就像是在水和空气间的密封舱。

埃丝特·比克,次级皮肤现象

在某些孩子身上,这层同时具有包含和分离作用的皮肤建立并保持了机能不全的状态,埃丝特·比克对这些孩子的未来发展进行了更加深入的探索。她描述了自己所说的"次级皮肤现象"。像安齐厄一样,她观察到一种存在的原始形式,在这种形式中:

"(……)感觉不到人格的某些部分彼此之间有任何相关

的力量,而由于这层具有限制功能的皮肤,这些力量被动地聚为一个整体。"(Alvarez, Reads, 2001)

于她而言,如果无法正常吸收和投射,将无法建立内部客体,对外部空间和内部空间的分辨能力也会缺失。第一层皮肤将会机能不全,使婴儿处于一种精神错乱的状态。通过预防这些破坏整合状态的方法,婴儿会建立这层"次级皮肤",这层自我性感和自我满足的肌肉保护层会切断婴儿的一切人际关系。

梅兰妮·克莱恩或过度投射性认同

梅兰妮·克莱恩认为,在自我产生之初,在幻想与现实中的确存在未形成但能够建立原始人际关系的客体(根据婴儿的状态,这些客体会造成令人满足或糟糕的感觉)。这一自我同样能够感觉到与出生创伤紧密相关的焦虑,进而建立一种保护机制,克莱恩称之为"投射性认同"。在向梅兰妮·克莱恩致敬的书中,汉娜·西格尔(Hanna Segal)如下写道:

"投射性认同被用于多种目的:它可以走向理想客体以避免分离,或者走向坏的客体以获得对危险源头的控制。自我的很多部分会被投射到多种目的中:坏的部分,为了摆脱困境,同样也为了攻击并摧毁客体;好的部分,以避免分离或用来抵御内部坏的东西,或者通过最初的投射来修复改良外部客体。"(Segal, 1976)

梅兰妮·克莱恩认为,当婴儿处于过度焦虑,将所有好的及迫害性的内容投射到他人身上,使自己变空时,这种投射性认同会演变为一种病理性防御。比昂认为,(非病理)投射性认同将在婴儿及其母爱环境间建立起人际交流的第一个环境。根据比昂的观点,通过将其投射至母亲身上,投射性认同可以让孩子摆脱焦虑、甚至恐惧。而母亲在接受这些焦虑与恐惧的同时,主要任务是将其缓和,以便婴儿能够以一种平静而易接受的方式重新吸收。我们感兴趣的是,在逐渐分离的过程中,婴儿怎样利用母爱环境作为其投射的接收客体,与此同时,这一环境也将利用婴儿作为其自身投射的客体。因此,借助这种由原始感觉产生的认同与投射往返过程,婴儿得以自我建设,并打开通往感知、模仿,进而对自身及他人情绪进行定位的路径。

然而,这一心理空间的建设性过程无法在自闭儿童身上得到实现。由于认识不到自身的情绪,自闭儿童无法理解他人的感觉。他们停滞在埃丝特·比克所说的"粘附性认同"中,这种粘附状态旨在帮助其抵抗分离。根据梅尔泽的观点,"粘附性认同"会导致"摧毁",即注意力的推迟,这种推迟可以使各种感觉向当时最具吸引力的客体游荡。他将这种摧毁比作一堵砖墙,由于缺乏砂浆的连接,在恶劣天气的影响下会倒塌为碎片。

这让我想起在前一章提到的孩子,由于受到过度刺激,将目光落在天花板的光点上。

艾伯特·西科恩(Albert Ciccone)认为,正是这种粘附性认同会产生"没有内在性、没有情感、没有思想"的自闭性客体。

我们很清楚这些自闭儿童紧抓不放的客体,他们无法承受我们将其除去。正如弗朗西丝·塔斯廷(Francès Tustin)所命名的那样,通过这种**自闭客体**(objects autistiques),他们的存在感得意流通,几乎可以说是骨干客体。这种几乎令人绝望的紧抓不放与早期感知有极大不同,例如对于后者,我曾提出随着环境的变化,这些早期感知会逐渐让位于感官投入与人际关系发展的这一整体，而自闭客体则将孩子固定在不变之中。

自闭客体与任何东西都没有关系，不会与外部世界建立任何关联。孩子紧紧抓住稳定的自闭客体或是一种强烈吸引他们的编造的细节，可能因为它会唤起一种难以描述的感觉。这让我想起了奥古斯坦（Augustin），从反面紧握着一大块乐高积木，盯着上面的洞。如果我没能使其变成一种人际关系游戏，这种情况将一直持续几小时。

至此我们距离前文引用过的、温尼科特所说的过渡性客体还很遥远，以下我们将看到其与自闭客体间的区别。

这让我想起了一个婴儿的情况。他的母亲身患重病，在药物的影响下，无法对他进行最低限度的照顾，总是处于一种精疲力竭的状态中。护理人员讲述道，这个两个月大的婴儿总是仅仅抓着她们的工作服，以至于不把他放下就无法使他松手。我认为这个例子很能说明问题，因为它很好地展现了焦虑与病理性抓握的关联。当然，即使焦虑并不总是建立在如此客观的现实之上。

正如我们所看到的，依附性认同明确显示出，在辨认他人与自己之间的区别和建立自身身份方面，自闭婴儿或自闭儿童存在机能不全与极度困难。

认同与心理理论

至此我们可以将投射性认同及粘附性认同与莱斯利的"认知心理理论"相关联。我们已经了解到，如同克莱恩或比克，莱斯利认为，自闭人群缺乏真正的自我意识。根据克莱恩的观点，我们可以说这种缺失或机能不全建立在心理状态恶化的基础之上,这种恶化导致对自我进而他人的准确表征变得困难、甚至不可能。而克莱恩和比克认为,正是由于投射性认同的病理机能,自闭症患者在婴儿时期才无法建立内部世界的基本内部客体。然而,没有这种对自我的建立,婴儿将无法区分自己的情绪和他人的情绪。

即使以同弗朗索瓦(见第三部分)一样惊人的方式发展,自闭症患者仍然受困于自身的困难,无法理解和辨认自己的情绪。但困难并不意味着机能不全。我们将会看到,将个人与团队的心理治疗、言语矫治、在学校与教育机构的学习相结合,会对自闭患者产生多么有利的影响,将使他们更好地理解自己、更好地理解他人。以上全部方法的受益者,弗朗索瓦,将是我最好的例子。

第二部分

治疗角度

第三章　实施治疗　　　　　　　　　　057
第四章　相关术语　　　　　　　　　　092

第三章
实施治疗

几年来,我一直在思考本书的前几章内容。这些思考促使我不懈地研究,致力于将本人在精神分析学、认知病理学方面的知识与方法相结合,以更好地帮助自闭人群。正是这项工作和在医院亲身经验,使我对我们当今所熟知的侧重教育的策略感兴趣,并希望将其与精神治疗工作结合在一起。

因此,十五年前,我参加了 TEACCH[1] 教育策略、PEP-R[2](自闭症儿童心理教育评定量表)发展评估的培训。随后,我接受了 PECS[3] 及 MAKATON[4] 方面的培训,学习了言语轮换交流法。最近,我接受了褒贬不一的 ABA[5] 培训。尽管这些

---

[1] Treatment and Education of Autistic and Related Communication Handicaped Children,结构化训练。

[2] 自 2008 年 5 月起,PEP-3 已可以使用。

[3] Picture Exchange Communication System,图片兑换沟通系统。

[4] Makaton 词汇发展计划。Makaton 未来言语障碍协会(Association Avenir Dysphasie Makaton, AAD Makaton)。

[5] M.D.Amy(2010), *Applied Behavior Analysis. Une psychanalyste au pays de l'ABA*, Enfance & psy, 1, n° 46.

教育项目中的技术似乎十分接近,但在具体个案的实施中却有极大区别。

这些技术为治疗团队、自闭人群及其亲属提供了更好的交流方法,进而更好地彼此理解。在我看来,在言语方面必须做出必要的取舍,这些言语常常是缺失的,没能被有效或清楚地理解。

几年来,我同样试着引导培训团队更深入地理解自闭症治疗,不仅出于培训机构中对心理动力学与认知学方法相结合的绝对需求,同样还因为在正式或非正式检测与评估方面不断积累的知识与能力。这些技术可以在自闭病理方面为每个人提供必要的个人方案。正如我们现在所了解到的,尽管自闭病理会损害交流、同现实及他人关系的基础,但在每个人身上的表现方式却有极大区别。因此,如果没有利于诊断的标志,我们就无法在治疗方面进行思考。

诊 断 难 点

第一个难点显现于确定诊断的时刻。因为,即使不急于得出结论,还必须尽快确诊并向亲属陈述病情。在 2005 年的诊断建议中,这点甚至在法律中得到明确体现。

一个孩子被带来就诊。家长们或者出于担忧,自己决定求助于我们;或者是听从家人、儿科医生或接收孩子的教育机构的建议。他们清楚意识到孩子没有正常成长,但并不明白情况的真实性和严重性。

有时恰恰相反,有的家长来就诊只是"因为别人建议他们这样做"。他们认为,自己的孩子"自主成长,这是他的权利!"某些家长补充道"我小时候也是一样,反应慢,说话晚"。焦虑与否认相继出现,无论如何,这些逃避的家长未必能够承受沉重的诊断。这时,一段耐心的陪伴是十分必要的。对此我必须补充,现在太多儿科医生没有接受过足够的培训,无法确定那些对成长具有严重影响的障碍,也无法发现自闭病理的预兆性特征。他们打消家长的疑虑,而与之相反,他们本应该建议家长带孩子去接受更专业的诊断。

有时也会有完全相反的情况。带孩子来就诊的家长头脑中已充满关于自闭症的问题。但经常出现的情况是,他对自闭症的了解仅仅来自于电视和杂志。因此需要向他们解释,一次诊断并不足以确诊病情,需要耐心等待,尤其需要向他们解释到底是哪些因素造成自闭症,或者至少是我们现今已经了解的情况。如果在我们帮助下,他们能够对孩子所遭遇的困难更加重视和理解,但孩子的能力发展情况还不明朗,这时会更难向他们解释。无论如何,我们要牢记这一点,对于诊断的宣布,家长和专业人员的时间观念很少是相同的。举一个小例子,我用一年的时间才能向一位父亲宣布对自闭的诊断,而这位父亲却没有足够的耐心。在这一年间,他给自己的儿子换了六所幼儿园,并且每次都会指责教育人员素质差。所以,注意不要走弯路!

家长提出的主要问题是:"他能学会说话吗?"站在这些孩子为自己设置的藩篱之外,谁能回答这个问题?然而,无论是乐观主义还是悲观主义的说辞都不准确,都该被排除。诚实的回答是,我们不知道这些孩子是否能学会说话,也不知道当他们习得言语后,能否完成交流。但在今天,我们应该可以说,很多孩子能够并应该向自立、言语交流的方向发展。

无论初期诊断结果如何，都不能轻易诊断为自闭症。这些孩子以一种不同的方式表现自己的困难与障碍。某些看似症状严重的孩子，随着我们的研究，却逐渐显示出他们并不属于自闭症。尽管这些孩子同样在交流和行为方面具有极大困难。我认为这些孩子属于施皮茨所描述的医院抑郁症病理，接诊过来自孤儿院的孩子的人都清楚这种情况。这些孩子以惊人的回避行为对过早的人际关系断裂做出反应。我同样还想到那些在家庭承受严重创伤的时刻出生的孩子。这种创伤可能会严重妨碍家庭对孩子的投入。相应地，孩子将会很难对生活环境有所投入。由此我想到，幼儿精神病和共生性精神病与自闭症的不同诊断标准。我已在本书前言中涉及这一问题，但我仍坚持这一点，并为此忧心忡忡。当所有发展病理皆有可能淹没在 TSA（自闭谱系障碍）范围中时，怎样找到确切的诊断标准？于我而言，当某些行为、某些焦虑或防御需要归因于不同的心理认知机能障碍时，差别诊断仍然是必不可少的。这就意味着——出于长远考虑——同样需要以不同的方式着手研究这些病理。我认为在 CIM11 与 DSMV 的标准可能会对后续诊断造成极为不利的混乱。

显而易见，我们同样需要面对听觉、视觉、遗传学或神经学方面的障碍。在得出诊断结果前，这些都需要深入研究。在这方面，儿童神经学的使用越来越有成效。

要仔细倾听孩子的故事。对于家长提出的假设不要抱有任何否定的成见。的确，这些假设具有缓解罪恶感的作用，但同样使我们注意到那些需要解决的身体、家庭或社会机能障碍。

这个孩子会怎样表现？他可能完全心不在焉或是过于专心，同时对办公室进行"洗劫"。他可能一直粘着家长中的一方，似乎

第三章 实施治疗

没注意我们的存在,或者对其他人十分冷漠。他的兴趣集中在一个物品上或者对什么都不感兴趣。他躲在刻板症中表达自己的焦虑或者保持一种几乎麻痹的状态,手脚完全缩着。他会转圈,旋转物品,或与此相反,在房间角落里缩成一团不再动。他会表现的对声音极度敏感,或者即使在旁边把门甩上也不会惊动他。他会将视线集中于一个光点、一个物品或办公室中的一件家具上,或者会闭上眼睛以摆脱环境造成的焦虑。他会说几句话,可能处于言语模仿中,或者完全缄默。

总之,我们该通过哪一点来了解情况,从哪儿开始理解这种机能障碍?这些最初的表现使人自然地想到自闭症,但又不一定属于自闭症的范畴。

我不会提出那些标准化的问题,除非这些问题对于确定最初印象和确定诊断必不可少。同时,在向家长提出这些问题前,必须第一时间掌握典型临床表现。正如在 ADI[1] 或 VINELAND[2] 中,这些问题要向那些有强烈感情和记忆投入的人询问。因此需要甚至绝对有必要等待接触和信任真正得到建立。至于 CARS[3],这种**当场并立刻**评估自闭强度的评定方式,意味着孩子已经足够被评定体系或实施人员了解,才能保证结果不会出现错误。的确,当观察时间已经足够,并且接收机构的不同专业人员也对孩子进行了观察时,CARS 可以确诊孩子的自闭程度,就像其他孩子,根据参与的活动、向其推荐活动的环境和人员,可以有不同表现。移情和反移情是存在的!

---

[1] Autism Diagnostic Interview-R,自闭症诊断访谈量表修订版。
[2] Vineland Adaptative Behaviour Scale,文兰适应行为量表。
[3] Childhood Autism Rating Scale,儿童自闭评定量表。

在我所培训的机构团队中，我总是强调**双重阅读**。这必须涉及正式或非正式的观测，这些观测可以同时明确认知能力或认知能力不全，及结合的行为与身体反应，所有情绪会通过目光或整个面部表情表现出来。但为了完成 CARS 的诊断目标，在接诊一个孩子时，必须有一段观测时间（2 到 3 周），在将其投入到各种活动中之前，进行大量评估也十分有必要。如果团队全部成员没有观察过孩子，对既定目标没有取得一致同意，有效的个人方案就无法得到建立。

因此，我认为这些研究需要大量预访谈，才能够确定治疗的最佳时机，也可以更加了解这些孩子的理解水平。当孩子习惯于我们提出的环境时，更有助于确定其理解水平。

与我刚刚所做的惊人描述相反，对于某些以较缓和的方式表现出交流和习得障碍的孩子，这点更加重要。

玛索：过度活跃的背后是自闭

我将以玛索为例子。一位精神病科医生接诊了一家人后，请我和我的同事为这家人进行家庭治疗。他观察到，玛索是个三岁的小男孩，这家父母和小弟弟无时无刻都要忍受玛索的过度活跃。

最初的三次会面，玛索从不待在原地，但注意力很集中。他跑来跑去，在父母的膝盖上不停地爬上爬下，打开没有上锁的壁橱，将里面的东西轻轻扫到地上。很快我就被两件事所震惊。一方面，他总是跑向我的同事，第一时间将头靠在她膝盖上，然后紧张地看着她，直到她回应了自己的目光。这时他会跑向房间的另一边，躲在我的办公桌后面。同时另一方面，他跑向我，一言不发地

(因为他患有缄默症)向我展示一些小东西,等我给这些小东西命名,然后再次逃开。

第四次会面,他不再将小壁橱中的东西扫在地上,而是只拿出拼图扔在地上,甚至没有看一眼上面图案。之后的两次会面也是如此。于是我让玛索坐在桌前,再请我的精神科同事(我们有三个人在场)坐在他身边,阻止他将拼图扔在地上,然后握着他的手帮他拼图案。玛索十分专心,第一次保持安静。他看着拼图块,前两次需要别人帮助,之后就可以独立完成拼图。我们热烈地祝贺他,他欣喜若狂。在确认一个孩子是否自闭时,一定要考虑到孩子是否理解我们对他的要求,并且一定要确认这一点。

对他人目光的重复性逃避,没有得到帮助的情况下无法理解最简单的拼图游戏,也无法辨认出拼图块的形状或是上面的图案。这些让我迅速想到,玛索的过度活跃是因为无法理解客体的言语和功能。从这一角度来看,产生交流的基本因素缺失,似乎可以假设产生了自闭。尽管这些最初判断已十分具有说服力,却不足以做出自闭的诊断。因此,我继续接诊玛索及其母亲,以便更加深入地研究玛索已具备的能力与能力不全的方面,并且对其周围环境进行研究。

在接诊过程中,通过一系列评估,最终确诊了玛索患有自闭症,因为他持续表现出对口头言语及所在环境的无法理解。这些无法理解伴随着一种强烈的焦虑情绪,这种焦虑一方面表现为运动机能不稳定,正是这点导致其家庭前来就诊,而另一方面则以更具意义的方式表现出来,即对目光的回避和其强迫性的"清空"方式。同样向我们表现出一种非常态状态。

有赖于所做的不同评估,以上一切得到更广泛的确认,玛索加入了我们的集体(我会在随后的内容中介绍到这种集体的作用)。他向我们指出一个物品,请我们为这个物品命名,跟着我们重复,然后放下这个物品,兴趣转向其他物品。第二天、第三天,他都会带着同样要求来找我们,这明显体现出他无法将能指和所指[1]结合成一体。同时,他向我们表现出这些物品对他而言几乎毫不重要,因为他总是在更换物品。一切都无法在游戏方案中得到建立。的确,在很长时间之内,交流的企图都是无意义的,因为在分享游戏中,我们没能使其掌握相关物品。当内部表征与形象缺失时,一切都无法得到确立。

他习得的言语理解能力仍然十分有限,只能利用图画文字同我们交流。在反移情活动中,他强烈渴望建立人际关系却对此无能为力,这点令我十分痛苦。

自闭人群在发展本能机能、无意识机能以及建设性机能方面所遭遇的障碍,仍有许多需要我们去理解。在他们的内部世界中,最初的记忆痕迹、最初的感知只是一闪而逝,丝毫得不到记录,而这一切正是产生思维必不可少的根源。这可能是粘附性认同造成的首要伤害。粘附性认同会加剧自闭人群的机能不全:如在辨别真伪、区分其内心世界与外部真实世界方面。

我们常常可以看到这些孩子大笑、微笑、呻吟、发怒,而当我们询问造成这些情绪的原因时,无论他们是否具备语言能力,都无法做出回答。这并不是拒绝回答,而是没有能力回答,因为他们无法在其情绪体验与外部真实世界间建立任何关联。这正是我所说的

---

[1] 能指(signifiant)、所指(signifié)均为索绪尔语言学术语,能指是语言的声音形象,所指是语言所反映的事物的概念——译注。

感知注意力（attention-sensation）。这是一种脱离相关环境、固定、僵化的注意力。

怎样开始护理

很明显，对护士、教育工作者、护理人员一般的正式培训远远达不到治疗自闭患者的水平。经常出现的情况是，这方面能力的习得主要依托于护理人员的好奇、绝望或兴趣，他们希望接受继续教育，利用空闲时间或照料病人的时间学习。我会在本章末继续探讨这个问题。

两年前，一位培训学校的校长请我做 EJE（éducateurs du jeune enfant，幼儿训练师），对自闭儿童进行一天的培训。令我目瞪口呆的是，这竟是关于这一主题的第一次培训，并且在学生获得最终文凭的前一周才举行这种培训。这些教育工作者将会加入那些接待婴幼儿的机构，而这些教育工作者对人际关系障碍没有任何认识，也不知晓必要的观察方法和早期定位方法。除了让他们知道自己需要学习的东西，一天的培训还可以做什么？

当我为训练师、医院团队、IME[1]或其他机构进行为期一天的培训时，很快被提出的就是护理问题。什么是护理？护理处于何种范畴？我们教育过程中是否也在护理？

为了更好掌握这个经常出现的疑问，当向接收自闭儿童或成年人的机构提出那些与治疗方案相关的问题时，我们必须回到其中表现出来的二元对立。我还经常听到"我们是一所心理分析机

---

[1] 医学教育机构。

构"或"我们是一所教育机构……",或者还有"在提供教育前要先治疗病人的精神病",与之对立的是"从中完全看不出精神病,治疗这一障碍的唯一方法就是教育"。

所谓精神分析机构

我认为精神分析机构的概念属于脱离常规的范畴,因为它是对精神分析概念的彻底歪曲。它假设出一种角色混乱,这种混乱意味着对思维能力的糟糕表达,它来自集体心理治疗工作中出现的完全凝滞的思想。我甚至认为:每个人都可以自主做出常常是错误的精神假设,并导致不正规的解释,这些情况在我看来完全是负面的。

当涉及自闭儿童或自闭成年人时,精神分析治疗意味着什么?在一个明确的范围内(在生活地点之外),这意味着要帮助患者连接亲身经验和与此相关的幻觉,这些幻觉有时会使患者麻痹。同样还要帮助他们整合身体,使他们摆脱错误感知,以产生对他人的认识以及实际性或象征性的思维。最终还要帮助他们建立对他人的意识,随后建立对自我及对自身各种情绪的意识。当心理治疗医生接诊自闭患者时,毋庸置疑,仍有某些方法存在于在精神分析传统范畴之外。他们常常要面对言语的缺失或极度贫乏、思维和机能的结合性减退。此外,在精神治疗范围内,心理治疗医生应在言语之外保持亲切的中立地位。他必须能够以充满活力的活跃方式介入,以便于"东西会移动"。

当这种特别治疗以更好地理解及缓和患者的精神痛苦为目标时,就涉及精神分析治疗。精神分析治疗完全属于治疗的一部分,

第三章 实施治疗

应该由专门接受过精神和认知机能障碍的人员实施。对那些受困于对周围环境理解的患者来说，向其提供的各种不同治疗方式之间不应存有任何混淆。每个人具有自己的能力和特长。我们全部治疗人员应该连接成一个整体，以便真正的治疗能够成型。

因此在实施精神治疗的同时，应该提供产生并支持经验的工具，这些工具存于与这种经验相关的范围，并不断扩散。正是这些工具给人以感受真实的能力。

所谓教育机构

对于那些声称自身完全是教育性质的机构，我无法更加宽容，因为我不相信一切都可以属于认知学范畴。我要再次确认这点，职业培训工作者的经验告诉我，某些团队仍然十分怀疑将心理学与认知学相结合的依据。

必须承认，也许与其他人相比，这些孩子更加容易因认为自己是残疾人而产生不良情绪，并且因为无法理解而加剧这种情绪，在多数时间，他们说不出解释的言语。我想起初次访问一所完全是教育性质的机构。我偶然强调，这所机构在学习方面做出了很卓越的工作。但我深深震惊于这所机构的一位训练师的反应，她承认无论如何不希望自己负责的孩子表现出任何无意识："我将会失去自己在此方面的全部知识和所有自信。"两年后，我再次遇到这位老师，她向我说了完全不同的话："您知道吗？我相信我明白了为何我们机构的孩子在学习上取得如此大的进步，在交流方面却止步不前。我觉得我们缺乏精神治疗方面的干预。"

什么是护理？

对于这个我习惯提出的问题，我的第一反应是，当家长意识到自身责任时，往往会思考这个问题。于他们而言，护理，就是在所有方面照顾自己的孩子：身心健康、卫生、游戏、言语、饮食管理、排泄及穿衣自理、识别危险、法律方面的禁戒与知识、社会化、交流和学习。

使用何种方法？倾听、注视、观察、警惕、温柔、权威、坚韧、保持环境稳定。当需要表现出坚决时，他们愿意做坏人，因此成为坏的客体。

总之，他们可能实施着拉鲁斯词典中对"护理"一词的全部定义："勤奋、准确、细心、关怀，警惕、（还有）专心、（最终）关心等一些方法，通过这些方法我们努力使病人恢复健康"。

因此，护理或者被这样定义，或者应该由父母实施，应对孩子的全部需求进行综合的全方面考虑。从这一角度来说，绝对不是将孩子的需求分割开来：身体的、心理的、认知的或感官的。我甚至要说，只有当家长对自己的孩子有一个全面的看法，并为孩子提供全面的支持时，孩子才能以和谐一致的方式成长。

我们了解智力或身体的过度投入所造成的损伤。这些损伤会抵消甚至彻底消除孩子在某些方面的平衡，直接导致某些行为障碍。

因此，护理机构应将孩子视为一个整体，而不是优先使用这样或那样的方法。难道他们不理解，只有在相互作用的情况下，这些方法才真的有效吗？

第三章 实施治疗

我最近与一所机构取得联系,这所机构应该接收一个在我这里接受多年精神治疗的孩子。我解释了这个孩子在其父母和我面前表现出强烈的渴望,想要学习读、写,并且我还补充道,在我看来,尽管这个孩子仍有极大的交流障碍,但他已经完全为学习做好了准备。

但我得到的答案是:"我们会先治疗他的心理障碍,然后再看看他是否可以学习。"

孩子家长也收到了同样的答复。他们开始寻找其他接收机构。这是一个漫长的过程,但在此期间,CMP 的一位训练师和一位正音科医生帮他打好了必要的学习基础。现在这个孩子正常就读小学一年级,并且其行为和交流方面的障碍也大大减轻。

如果说每个孩子都同时需要身体、心理、精神方面的照料,自闭儿童则对此更加依赖。因为任何事对他们来说都不是可以一下子学会的。有别于无障碍的孩子,他们无法独自整合、学习任何东西。在任何情况、在任何方面,他们都比其他人更加需要他人的帮助和支持。多数时间他们对周围的事物都完全无法理解或理解得极少。他们需要我们将这个世界分解为他们可以接受的碎片,再逐步帮助他们理解每个碎片的意义,以便可以将这些整合在一起。但我们应做好心理准备,这往往需要极长的时间。

无论在身体接触、认识并理解有生命或无生命客体的角色和功能方面,还是在总是断裂的复杂感官方面,我们的陪伴与帮助于他们而言都不可或缺。

在理解负面行为的意义方面也同样离不开我们的陪伴和帮助,以使这些负面行为在其发现与习得过程中消失,从而产生快乐的概念。然而,与我们此前很长一段时间内的想法相反的是,如果我们没能帮助他们掌握获取工具,这种快乐就永远不会出现。

因此,我们对这些儿童、青少年、成年人提供的护理,必须考虑到患者的所有方面,以便他们建立一个严密的整体,得以连接理解与情绪。因此我们需要成为一个全才。需要教他们认识并理解,他们是整体的一部分,在这个整体中,感知与思维、思维与情绪、身体与精神、幻想与真实……并不存在矛盾。在帮助他们灵活航行于各种感觉之间的过程中,护理从一开始就出于这个错综复杂的迷宫。

他们在所有事物、所有方面所要求的稳定支持,要求我们将各方面的能力结合在一起,才能深入理解那些我们所无法理解的,才能将对他们的护理整合为一个同时适合于个人和整体的方案。

最后,无论何种相关媒介,无论是游戏还是学校的学习,抑或其他,在我看来都属于护理的范畴,因为这些总是与帮助这些孩子克服障碍相关,而正是这些障碍使孩子难以完成这些游戏或学习任务。

个人角度

为何说起个人护理?我们非常了解,很多孩子没有自闭症患者那样的学习障碍,却仍然需要个人支持,以帮助他们更好地掌握集体生活中需要掌握的东西。

对于自闭儿童来说,这种需求更是绝对。我们可以确定,他们的学习能力来自彼此断裂的不同感觉和感知渠道。的确,有些孩子可以依赖于模仿,而其他孩子则完全不行。有些孩子会表现出运动天分,而对其他孩子来说则是不可实现的。对于某些孩子,一切感知都来自听觉，而其他孩子则通过视觉或触觉。即使不开口说话，有些孩子也会掌握言语或理解言语，而其他孩子的语言没有任何意义，只有物品或图像能够作为标志。因此，如果我们想要向这些孩子、青少年或成年人提供其可以理解的交流和学习工具，首先，我们需要仔细观察他们，再评估其在自主和交流方面的个人能力。从这些情况出发，我们会发现，只有个人护理才能满足他们的需求。这种个人护理必须依靠目标极其明确的教育方案。这种个人护理需要成年人几乎永久性的陪伴。其目的却是，当能够理解别人对自己提出的要求时，这些自闭人群能够逐渐照顾自己。正如我们此前所提到的，所有被提出的活动均以能够向普及化发展为目的。

但无论如何，这种个人护理不应将集体时间排除在外，因为通过不同的集体活动，交流和分享得到联系。这些孩子或成年人可以通过这些逐渐学会考虑他人，学会整合那些管理集体时间与周围世界的限制和规则。然而，对于某些儿童、青少年甚至成年人来说，进入一个集体是件非常困难的事。集体非常嘈杂，集体活动进行得速度太快，集体中没有任何标志。因此，对集体的适应只能缓慢发展。否则会导致灾难性行为。另外，我们不应忘记，这些儿童、青少年、成年人是多么不协调，这意味着即使年龄增长，其中某些人在自己头脑中仍是小婴儿，以至于集体对他们没有任何意义。

关于自闭人群的敏捷问题与缓慢的重要性方面，布鲁诺·热普内（Bruno Gepner）的研究告诉我们，其中涉及静态的超强预知力与运动的不良预知力。而且，这两种定位是完全分开的。此外，我们可以假设，对于那些只能部分感知到环境、游戏或功能的自闭人群来说，缓慢是必不可少的。的确，在他们身上，一切学习都要通过相继的步骤完成，甚至在掌握全部目标时，也会保持这种状态。

整体角度与联网策略

通过"整体"一词，我想表达的是，教育工作者、咨询师、护士、教师、正音科医生、精神运动训练师、心理治疗医生和家长共同达成真正的一致。

无论家庭，还是护理和教育机构，都不应成为自闭患者人生的全部。因此必须引入一种必要的**联网策略**（politique de réseau）。我们应对此越来越理解，可以使自闭人群直面外部世界并加入可以拓展其能力的活动与环境之中的一切，都可作为护理的一部分。在向他们推荐体育运动（游泳、滑冰、骑马……）或与其他孩子一起分享的游戏活动（游乐园或其他场所）时，我们要知道，只有在有不同参与人员陪同并彼此商议的情况下，才能对自闭症患者产生有利影响。这些孩子，这些不同年龄段的自闭症患者，即使我们不对他们进行划分，他们就已经对自身做出了足够的区分！

> 我想起了一部在马术中心拍摄的影片。这部影片向我们展示，在教育课上，人们教一个6岁的小男孩辨认自己身体的各个部分。中心的教练员让他指出小马的耳朵、鼻子、腿，令我们大吃一惊的是，他非常迅速地完成了要求，随后依旧毫无困难的指出了自身、他人或图片上的同样部分。

因此，必须使这些体育、艺术或游戏中心更加关注自闭儿童，并愿意接收他们。这种接收应被纳入切实的护理政策的一部分。

第三章 实施治疗

同样，还必须了解自闭障碍的研究方法，有针对性地开展工作。正如我刚刚所说，以上地点与在教育机构一样，都需要接受培训，同样也需要观察能力，以观察这些孩子如何靠近周围环境、物品及人。因此，我们同样需要确定他们对自身情绪及焦虑的反应方式。这一切都需要我们的目光、双手、声音、辅助手势、对自身情绪富有想象力、创造力、精确的语言表达。归根结底，我们必须接受，这些孩子的思维和反应会使我们精疲力竭、心力交瘁……但如果我们不愿受到这种反作用的影响，就不存在护理。

与家庭的合作

与父母的合作

我们很快会了解到，以上所说的一切都需要与父母的紧密合作，需要一种真正的合作关系。为了在孩子的成长过程及对"生活"的学习过程中扮演好自己的角色，在照顾孩子方面，父母永远都应不遗余力。如果我们自己都没能了解到，父母会对孩子的心理与对周围环境的理解造成极大影响，又怎么教孩子交流、在内部现实与外部现实中建立关联呢？

在大多数时间里，自闭儿童或成年人生活在自己的世界而不是接收机构中，因此，在思考护理这一问题的过程中，将家庭生活排除在外无疑是荒谬的。

我们当然会通过倾听他们的苦恼、为他们提供建议等方式为家长提供帮助，但我们同样应该寻求对孩子的共同理解。我们这些专业人员，会分成思考、话语、监督等不同的小组。而家长，就只能倾听我们的意见。只有我们的意见才能使他们理解他们所面对的情况,因为我们了解他们的孩子,并且我们会与他们遇到同样的困难。我记得曾向一个护理团队转述过一位母亲的苦恼:"艾米女士,您知道吗,我突然发现自己不能再对他讲话了。他根本无法理解我说的话,那么对他说话又有什么用呢?"我的话音刚落,一位护士惊呼道:"我也是!我不想再同他说话了,因为我真心觉得没有用!"

随后的一周,我将这位护士说的话转述给这位母亲:这简直让她如释重负!这也让她同时从自身与他人的角度意识到,不要有过多的负罪感和失望的情绪。

预防措施的使用使我们更加理解早期承担起责任的重要性,这种做法可以使不理解及人际关系障碍以更为缓和的方式建立。这就需要精神分析学家意识到,对于孩子的未来,建立或重建父亲、母亲和婴儿之间的关系有多么重要。

护理方案与兄弟姐妹

我不想忽略兄弟姐妹在护理方案中的作用。越来越多的团队被动员起来,为那些受到自闭症伤害的兄弟姐妹提供支持小组。自闭症状极大地占用了他们父母的精力,经常限制这些兄弟姐妹的朋友圈,有时使他们感到羞耻,并且使他们太快长大,因为他们一般会感到自己不得不成为护理助手。然而,他们同样需要亲人的支持。以我的经验来看,这些兄弟姐妹很难在父母面前说出自己的感受,而这些感受带给他们极大困扰。

在一次家庭精神治疗的过程中,某天这家的父母没有参加,但当只有患病儿童在场时,他的兄弟和两个姐妹表现出了最强烈的情绪:愤怒、憎恨、羞耻、负罪感。而自闭的孩子则不同寻常地保持着安静,就好像没有父母在场时这些兄弟姐妹的自我压抑从来没存在过,他从兄弟姐妹的话语中直接感知到了他们的强烈不安。兄弟姐妹小组中不包括患病儿童,因为这个小组主要是为了让这些兄弟姐妹可以在其他兄弟姐妹面前表达自己的情绪,可以同更加理解自己的人分享自己的情绪。

言语矫治与护理

正音科医生的人数极少,而尤为遗憾的是,在成长的侵略性障碍中,言语障碍往往是最为严重的。对于那些患有缄默症或言语模仿症的孩子,那些只能说几个词、说话不可理解,或以正确方式表达却无法将言语用于交流的孩子来说,可以向他们提供的帮助是巨大的。无论如何,这与以口头表达为全部目的言语练习无关,而是通过他们能接受的方法帮助他们交流。因此,那些深知这些孩子真实困难的正音科医生越来越多地接受言语轮换交流策略的培训,及 PECS 与 MAKATON。这两种训练需要借助有趣的图片或手势,因为借助于视觉与身体动作,可以刺激孩子的表达能力,使其产生更好交流的意愿。这有助于言语的逐渐产生。

这种学习会在个人护理时间展开,这些理解工具应该逐渐在护理机构和家庭中得到推广。

精神运动与护理

最后我要强调精神运动的重要性。

即使这些孩子看起来很敏捷,自闭儿童的精神运动机能同样受到损伤,以至于言语通常无法成为他们交流和分享的工具,也不是他们认识自己身体的工具,更不是获取经验的工具。这是不容置疑的,我已经强调过这一点,当模仿无法被习得时,随之而来的便是众所周知的分享与交替的不理解。但精神运动障碍同样是由分裂的焦虑造成的。我记得一个只掌握少量言语的孩子,他在一个音乐小组中,当人们要求他抬腿或跳跃时,他会大喊:"放下腿,放下腿!"在热纳维耶芙·哈格与西尔维·托詹曼(Sylvie Tordjman)制作的关于身体自我的表格中,对这种情况有清晰的说明。

这些孩子中的大多数都保持一种与需要完成的动作毫无关联的精神运动状态。运动机能只停留在本能范围内。因为无法明确分辨外部与内部,甚至对这中区别一无所知,导致某些自闭儿童的精神运动障碍更加严重。最明显的例子就是,某些孩子对括约肌是否有感觉显得无动于衷。大便或尿液无论在体内还是体外都似乎与他们无关!这也是一种明显的感觉缺失。这种缺失会长时间表现为,无法整合控制括约肌的必要性。只有当身体与精神之间的关联得到建立之后,这些孩子才会产生干净的感觉,这个过程通常还要经过一个倒退的阶段,在这个阶段中,失去他们所认为的自身的一部分会给他们造成巨大的恐惧。

我们非常清楚,在肛欲期,孩子会产生一种幻想,在这个幻想中婴儿是从直肠中诞生的:这会导致某些孩子产生对排便的焦虑,因为当心会丢失或损坏这些小婴儿。但我并不认为在自闭的情况下也是如此。排除尿液或大便关系到生命危险,正如我此前所说,是对身体一部分的威胁。当我们抽出尿不湿时他们会哭叫。因此他们会寻找没有动的容器,比如水盆。因此他们只能在床上排便。

第三章　实施治疗

这种括约肌障碍通常与彻底无法感知口腔感觉相关。无论什么都能被这些孩子放在口中吞下去。我有时会觉得应该为这些孩子的喉咙做些什么。食物被吐下去再被排出来，而这些孩子没有感受到任何喜欢或不喜欢的味道。

以我的经验来看，这些孩子丧失了吮吸的能力。当我们给他们一个奶嘴，他们去咬，或是吐出来扔掉……我认为他们的哺乳期没有起到对人际关系的支撑作用，吮吸仍处于反射状态，并且会像惊跳反射和抓握反射一样逐渐消失。

插入说明：一支兼职护理团队

为了说明我此前对护理作出的解释，在此插入一篇我在1997年蒙特利尔自闭症会议上所做的报告。报告内容涉及一支兼职护理团队（unité de soins à temps partiel，USTP），这支团队组建于我接受教育策略培训后。我刚好可以同我的主治医生、两位正音科医生、一位精神运动训练师、一位教师和一位护士交流培训中的收获。

尽管我现在已经退休，不再是负责人，这支团队在仍然存在，由一名儿童精神病科医生负责。这支团队所完成的工作是面向自闭症儿童的思考成果，如前文中所提及的内容。

很明显，我们为这项工作所投入的业余时间对那些年龄更大的孩子或青少年来说，是远远不够的，但我们的目标是完全一致的。

以下为这份报告中的相关内容：

"在大量研究幼儿预防措施后，我们发现有很多年龄较小的孩子甚至是婴儿被带来就诊。

诊断整体情况：一段时间以来，儿童精神科医生和心理学家面对严重的病理，而且现在这些病理可能会过早产生反作用。某些病理会使我们重新思考可以向这些幼儿及其家人推荐的方案，因此我们产生了开设某种兼职集中接待中心的想法，这所接待中心在最近已经打开大门。

这所接待中心面向 2 至 5 岁，患有严重人际关系和交流障碍，未产生言语或言语极度贫乏，或表现出早期破坏性，与自闭或与认知障碍相关的焦虑的孩子。这些障碍，尤其在我们接待他们时，使他们在客体、其形象与意义间建立联系变得艰难甚至是不可能。

这支兼职团队在每周接诊三个上午的基础上，结合在以下机构中的接诊时间：托儿所、街区临时托儿所、幼儿园等。这种整合是我们最大的担忧，因为我们认为对于如此年幼的孩子来说，在这些机构中享受到大量的言语交流与活动必不可少，没有一个整合辅助人员的陪伴，这种整合会显得如此难以适应。然而，这些辅助人员现今仍然太过宝贵，巴黎地区甚至完全没有，并且这些辅助人员还很少接受培训。

为了能够向这些孩子提出平衡的个人化计划，整个团队接受了 TEACCH 教育策略和 PECS 培训。

因此我们开始思考以下问题：怎样连接自闭儿童及其家人护理工作的三条必备主线，即教育、精神运动和精神治疗。

因此我们制定了一个方案，这一方案在护理的概念方面引起了热烈的讨论。对我们而言，护理的概念仍然是一个核心，是对这些孩子进行跟踪治疗的基础方向，同样也是造成很多困惑的根源。我会在这篇报告中作简短介绍,最后回到这一概念。

对于这个每次只能接诊四个孩子,每个孩子最长接诊时间只有2年的兼职团队来说(我们没有地方也没有足够的人员来接诊更多的孩子),我们只能努力研究工作范围及其内容。

以下是关于工作范围的介绍:

我们的工作范围处于一种复调音乐的状态:也就是说我们将其当作一种内部与外部彼此连接的真正的联网工作。

在机构内部,有家庭会诊医生、精神病科医生负责医疗团队,心理学家负责这支特殊团队的临床运转(截至2001年末,这一角色由我承担),护理及教育团队(一名护士和一名训练师,一名精神运动训练师,两名正音科医生和一名义务助理)。

在机构之外,有将孩子介绍给我们的机构,有辅助接收孩子的系统,有特殊活动的地点(通常由家长推荐):音乐、运动、绘画……在住院或特殊测试时期,有假期接待中心和儿科或儿童精神病科医疗部门。有时,针对某些情况,市政社会服务和儿童救助机构也会加入我们的计划之中。

很明显,家长同时处于我们团队的内部与外部,他们是我们这个整体网络的一部分。

维持这个网状范围很难,因为有时会涉及到很多人,但我们仍然认为,要避免阻碍与令人遗憾的分散,这是十分必要的。

其中最大的危险就是越权。如果精神治疗医生开始进行教育工作,义务助理进行精神病科会诊,训练师或护士给出不正规的解释,托儿所或幼儿园成为诊所,我们原本希望奏响的复调音乐就会变成噪音。我们所期待的协同作用就会变成一个浪费能量的整体,最终会导致对孩子跟踪治疗的失败。我们了解失去控制的一切风险,并深知其中所需投入的警惕。

然而,我们认为,并且我们医院的经验也证明了这一点,通过信息的流通、共同观察的实施、对各自工作范围的尊重、各方面能力的结合,护理与计划的良好发展得以实现。这点应该在计划之初得以保障,并随后制定个人方案。

以下将介绍各个范围内的工作内容:

关于家长:

只有当诊断结果已告知家长、且家长接受诊断结果之后,他们的孩子才能加入我们的团队。一段时间或长或短的痛苦观察、访谈与标准化测评之后,才能得出诊断结果。通常家长会去咨询儿童神经科。

向家长提出方案后,我们会将其完全吸纳进方案中。

他们需与护理人员同时在口头与书面上(联络册或其他)保持密切的联系。我们要求,他们每周负责陪同一次。此外,我会每三周(或者需要时更多)与他们进行一次自由交谈,谈话可以涉及一切相关内容:他们的负罪感或是无力感,他们的懈怠、失望,他们愤怒的时刻,甚至在某些情况下,想要结束一切的渴望。同样也会分享他们的喜悦,如他们认为孩子有所好转,以及回答他们关于孩子行为以及怎样应对的问题。有时,孩子的一些新反应使他们很难甚至完全无法理解。这时我们应该一起思考对策。我们同样应该根据他们的意见为孩子划定一些范围和界限,以便他们和我们向同一方向努力。

第三章　实施治疗

最后,当他们认为孩子出现倒退(愤怒或眼泪),而实际与之相反,这些是意识到现实世界的表现,是一种进步时,我们应该使他们安心。

如果他们觉得我们的方案难以适应,我们可以对他们进行家访,这通常会比冗长的解释更有效果。我们还会向他们展示如何在他们的生活范围之内展开个人方案。通过对其生活范围的了解,我自己也常常能够对方案进行改良。

当需要与他们一起为方案发展情况打分时,在失眠或长期烦躁、疲惫的情况下,家长需要药物治疗时,当应其要求进行医疗测试后产生某些冲突或疑问点时,医院的负责医生会接待他们。

孩子的个人接待人员:心理治疗医生、精神运动训练师、正音科医生会应家长要求接待他们,或者他们自己认为有必要让家长更好地了解他们为孩子推荐何种练习时,也会与家长见面。有时甚至只有当家长参加某些会面时,他们才可以发挥作用。

这种整体组织是孩子加入我们团队的合同的一部分,某些家长由于工作繁忙,在开始的时候会觉得负担沉重,但很快他们就会感到从中受益,并且这种做法会避免很多偏差。

关于孩子:

一旦诊断被提出,我们会应会诊医生的要求,推荐PEP-R,进行这种测评需要一位或两位家长及一位护理人员在场。对我们来说,PEP-R可以保证PEI[1]的建立与实施有所

---

[1] 个人教育方案。

依据。

上午：

在一段自由迎接时间后——霍克曼教授将其定义为'象征性的母亲照管'时间,在这段时间中,分享、自主、人际关系得到表现,可以使孩子靠近前象征体系——这些上午由四段确定且有一定组织的时间结合在一起:

- 有利于相互作用的**迎接与分享时间**。
- 护士、训练师和一位正音科医生会参与到**教育时间**中。每个孩子坐在自己的桌前,会在先有帮助、而后没有帮助的情况下完成各项活动。
- **退化性的时间**:泥土、涂鸦、沐浴、粘贴或音乐小组,根据小组中孩子的能力和兴趣决定。
- **精神运动时间**主要用于使孩子们意识到自身心理身体与运动能力的存在,帮助他们更好地管理空间与时间。

上午时间,我们会为他们提供点心,这个过程中可以练习指向和选择,很多时候需要陪同他们上厕所。对于某些孩子来说,这是一个艰难的时刻,需要我们进行深入思考。因为每个孩子都以不同的方式经历这段时间,我们应该找到帮助他们克服冷漠或焦虑的方法。

最后,如果时间允许,我们会有一段室外活动时间,在院子或公园中活动,如秋千、滑梯等,买食物或是去游泳池。这些活动会将他们带至室外,打破日常惯例,很快会被他们纳入机能之中。

当然,为他们所做的一切都要通过言语表达,同时辅以手势、照片、图画、象形符号,或者当他们还无法接受图片时使用

第三章 实施治疗

其他物品。

在每周三个上午的基础上,还要加上我此前提到的个人时间。

作为这篇关于我们这个兼职护理团队的报告的总结,我想回到护理的概念上。正如在报告开篇所说,我们通过三条主线思考这项关于孩子的工作:教育、精神运动和精神治疗。我们认为这些都属于护理的范畴。对护理的这种看法在护理团队中引起了热烈的讨论,这些讨论使我们开始思考某些家长组织与儿童—青少年精神病学领域之间持续存在的矛盾。

我们深知,某些家庭、精神病科和分析精神疗法仍然反对护理。于他们而言,这意味着无法接受教育,相信精神分析可以无所不能,期待这些孩子身上会出现渴望。

现在我们已经了解到,这些孩子表现出的第一个渴望,就是一切都不要动,一切都不要改变,因为一切变化于他们而言都是难以理解的,都可能成为一场真正的灾难。我们认为,护理是逐步与不变作斗争。我们不应掩盖另一面:某些团队在某一时期,会落入这种致命的陷阱中:期待渴望的出现。

如今一切都已改变,如我们不想紧闭大门,必须使这些家长相信(首先应该自己相信),正如我在开始时说过的那样,护理无处不在而不是一条孤立的轴线。也不应排除某些有利于他人的因素。如果说教育潜力还需彻底探索研究,我们就不应忽视这些孩子的无意识。尽管这种无意识失去控制,可以说几乎完全断开了与前意识和意识的关联,但它仍然是一切心理建设和人际关系与交流模式的基础。如果我们不想这些孩子变得迟缓或机械,我们应该像为任何一个孩子所做的那样,将其内部世界与外部世界连接在一起。因此我们可以说,护理在我们的教育需求之中,在我们对他们焦虑的理解之中,在我们的梦想、情绪中,在我们的方案中,最终,在避免越权的情况下,在我们彼此结合共同实施的方法中。"

我之所以在此重提这次报告,是为了为这些年幼的孩子提出一种接诊方式,同样也是为了"着重"强调**联网策略**的必要性,因为我觉得这种策略并未被足够重视。

这种缺乏在早期护理中制造了很多困难,随着年龄限制的产生,这点变得更加严重,因为这些孩子应该更换护理机构了。一个团队通知我,他们接收了 CAMSP[1] 送来的孩子,但完全不知道此前 CAMSP 是怎样帮助他们的,当听说这些时我怎能不震惊。

我还记得一个小姑娘离开我们的团队,因为她的父亲被调往外省工作。我坚持新的护理机构必须与我取得联系,以便我向其说明我们之前为这个孩子做了哪些工作。18 个月毫无音讯后,孩子母亲哭着给我打了电话,她说自己的女儿失去了所有已经学会的东西,因为我们的方案完全被放弃了,并且孩子没有得到任何教育。

这可能是因为孩子的新接收机构使用完全不同的教育方案。孩子的父母对此完全无法理解,不知道该怎样管理自己的孩子。孩子处于一种迷惑并极度退化的状态。

与其他孩子相比,对于这些孩子,一致性更是一种基本需求。这种一致性是一切护理的基础。

---

[1] Centre d'Action Medicopsychologique et Social,社会医学心理行为中心。

第三章　实施治疗

共同商议的必要性

尽管今天已有大量研究旨在发现自闭症的根源，我们在这方面的认识仍然处于起步阶段。我们看到，越来越多精神分析学、生物学、神经学方面的研究者正在进行一致的研究。这点在热纳维耶芙·哈格（1995年）的"自闭儿童人格发展临床测评表"中得到充分说明，此表格正是这些联合研究的结果。

资源中心是另一种证明。在其建立的区域内，这些中心负责管理研究、培训、信息、诊断中心，以及分配护理机构[1]。

正是这些联合措施使研究团队逐渐深入理解自闭病理，学习护理自闭症患者，脱离由于无知造成的痛苦与否认状态。

处于困境的机构

经常有团队向我求助，他们的要求可以总结为一句话："我们不知道怎么做，帮帮我们"。

从精神病科医生到教育工作者或护士，再到心理学家、正音科医生和精神运动训练师，所有人都认识到自己距离自闭症病理有多么遥远，在自闭症病理方面的培训远远不够。

通常，他们对自闭障碍的不了解始于诊断困难，而后体现在处理方法上。他们对于自闭障碍了解得很少或一无所知。因此，他们必须思考这个反复出现的问题，这个或那个孩子到底是精神病、自闭症还是重度思维散漫。

在本章开篇我已充分解释过，为了能够确诊自闭症，各种正式

---

[1] 见本书末"资源中心"。

与非正式的观察相结合是多么必要。然后,某些儿童精神病所表现出的行为与自闭症非常相似,会使我们犹豫不决。但在认知病理方面却完全不同。正如我们所看到的,自闭儿童几乎不理解身边的一切机能,从而不惜一切代价想要避免这种不理解。正是这点将他们禁锢在自己的世界中。

精神病儿童生活在一个奇怪又混乱的世界中。但一般思维和言语并未在他们的世界中被排除。最常见的情况是,他们并不逃避人际关系,反而积极地去寻求,就好像想要继续生存下去人际关系是必需的。这使得他们极具侵略性。他们的学习能力依然存在,却无法管理这些能力,因为在决定这些能力的世界中,真实与想象相混淆。也许这就可以解释精神病儿童会产生幻觉和谵妄,但自闭儿童却不会。

然而他们都会感到焦虑,尽管这些焦虑情绪是由不同原因造成的,有时却会表现为极相似的回避行为或抖动行为。由此导致诊断上的混淆,因此需要细致的探索,以向这些孩子提出不同的护理方案。

然而现在的机构缺乏正式的工具,无法细化这些不同的诊断,以及评估接诊患者的能力。此外,对于这些机构,非正式的观察也十分困难,因为除非我们知道需要观察什么,否则我们无法观察。

面对以上情况,尽管为"理解"付出了巨大努力,但这些团队仍然感到完全不知所措。他们觉得自己没有能力找到方法,去医治这种超出自己认知、抵消自己付出的全部耐心与想象力的病症。

我多次强调过,在对自闭症患者的护理过程中,想象力的重要性。但这种想象力必须建立在了解以下问题的基础上:这些孩子缺乏何种想象、什么阻止了这些想象、以及什么使这些想象转化为

第三章 实施治疗

了焦虑,无论如何,我们应该帮助他们脱离以上问题。

与我的想法不同,有人认为所有与造型艺术艺术、音乐、肢体或戏剧表达相关的特殊能力,都不能用于自闭症患者。恰恰相反,我认为,只要我们发现这样或那样的工具能够吸引他们的注意力和兴趣,一切都可以甚至应该向他们提供。但如果在关于对知识与教育定位的绝对需求方面,团队没能抱有同样的信念,就无法有效帮助他们学习自主与交流。如果他们没有在这些孩子的认知与心理障碍方面打下坚实的理论基础,所有的努力都是白费。对于治疗方案的选择,正是建立在我们的知识基础之上。

不同于我的想法,有人预言,通过教育项目,我们可以彻底治愈自闭症。但是,很多结果表明,进步更快,人际关系能力更好,对周围事物的理解更多,团队一致认为病情大为好转,这一切,只有在教育策略结合在一套包含精神治疗、言语矫治与精神运动的整合方法中时,才能取得以上效果。

由于不了解怎样帮助自闭儿童,我们看到在很多机构中,都产生了不良结果,这是过度宽容、过多的等待或耐心造成的。觉得这样的孩子还无法承受这样或那样的限制。这样的想法似乎为某些"随他去吧"的做法提供了理由,但这样做会使孩子成为一个真正独断专行的"暴君"。他们不会说话,只能本能地自我表达,他们非常明白有些的行为可以让自己躲开那些不喜欢的东西。这就涉及在用餐时间或被要求做某事时的一些活动与行为。因为不理解其必要性,他们找到一个最好的逃避办法。同时,也不建议严厉与惩罚,经验显示,这些会导致虐待,并且毫无用处。

在一次可以进行跟踪观察的培训中,人们向我介绍了艾丽安的情况。

为艾丽安制定的个人方案

> 艾丽安六岁。三年来她一直在同一所机构中接受治疗。她不会说话、非常好动,她大声尖叫,她的焦虑表现为一种持续性的刻板症。她左右摇晃,并且会摇晃面前一切可以摇晃的物品:摇晃绳子,摇晃小动物的尾巴等等。她没有学会控制大小便,会用大量时间去脱衣服。抗拒所有活动:她将所有东西扔在地上。

然而,我的询问结果显示,在摇晃一切物品前,艾丽安可以迅速完成一些简单的拼图和嵌套游戏。于是我问这一切都发生在哪,人们回答是在生活场所。于是我想明确有多少孩子和大人在她身边。人们回答我说:"5个孩子和2个大人。"

我解释,最好为艾丽安找一个安静的封闭空间,让一个成年人陪她度过一些个人时间。在这种环境下,先让她做些能够完成的小活动。人们反驳我说,这样也无法阻止她将东西扔在地上。听到这样的说法,我回答道:"她只有6岁,你们难道阻止不了吗?终结这些负面行为并不是强制,而是必须让这个孩子停止扔东西。如果除了将东西扔在地上,你们没能教给她自我表达的方法,她的未来会是什么样子?"在团队中,有些人同意我的说法,他们明白这种限制是必须的,尽管对于这个小女孩来说被强制是十分痛苦的。对于其他人来说,这里涉及一种"强迫",更像是一种行为矫治而非教育。我们展开了一场积极的讨论,在此过程中,我和整个团队都再次意识到,没有什么可以使艾丽安自己理解一种更为适当的行为的必要性。只有向其"强加"一段时间,在我们能够向她表示我们的喜悦,或通过一些她喜欢的东西使她得到满足的情况下,她才能理解其中的有利之处。新的保留意见!补偿?当然没有,那会变得机械化！

　　我必须再次强调，在自闭症患者身上，快乐不会自己产生。只有在我们与其保持的人际关系中，并且我们在这种关系中通过一切可能手段使其明白我们的满足和快乐时，他们的快乐才会表现出来。因此我们所提供的感觉中一定要有这样的企图。

　　一个月后，我再次遇到这个团队。艾丽安几乎不再扔任何东西，并且很愿意去那件小小的练习室。人们向她提出了两种新活动，在大人的帮助下，她同意去完成。

　　随后，我们考虑了这个小女孩的个人方案的后续发展。在咨询过其父母后，我们一起研究了在自主方面，哪些是应该优先发展的能力。我们同样还会看到这个方案如何建立在PEP-R这样的测评之上。这种测评使我们能够确定其在模仿、感知、运动机能方面产生的能力。

　　通过提供适当的工具，我们可以更容易地使自闭儿童建立起对事物功能的理解。在语言理解力缺失的交流过程中使用言语轮换交流也是一样。此外，我建议对这种测评进行双重解读。同时从认知学和心理动力学角度对其进行解读，有助于我们在交流过程中更好地考虑情绪和表现的作用。

　　艾丽安还感觉不到形象，更不用说象形符号。因此，首先应该使用小物品代表不同地点与一天的各个时刻，以此标志空间和时间。通过向她展示各种变化，她可以更好地自己进行分辨。

　　我还强调了这一事实，向艾丽安推荐其理解范围之外的活动毫无用处。没有任何理由让她面对做不到的事。这样做十分危险，因为这会使她十分焦虑，还有可能导致负面行为再次出现。

　　这一部分方案还没有成功。但一年之后，艾丽安能够自己前往接待中心的不同地方。象形符号被物品所代替。用餐时她不再离开桌子，开始能够独自穿上或脱下一些衣物。对大小便的控制仍在训练中，还不够稳定。最重要的是，艾丽安找到了微笑。当无法理解时，她会哭，但不再尖叫，在一些情况下她会大笑或说一些不太规范的话。几个月来，她接受了精神治疗，在这一明确的范围内，她开始能够显示出，她无法理解制造关联的一切。

然而，不是所有机构都会寻求帮助，并且认为自身符合接收自闭症患者的要求。以下正是一个例子。

菲利普的退步

> 有一个我们团队曾经接诊过两年的孩子。最近他的母亲向我们倾诉苦恼，她的儿子出现了多方面的倒退。这个家庭在外省定居，菲利普被一个充满亲切与关怀的团队接收。但此前我们帮其建立的关于环境与需求的标志都被丢弃，只能参加围绕职业疗法的小组活动。

这个孩子失去了一些我们为其提供的、可以更好地掌握周围环境的机会。现在，当他得不到自己想要的东西时，会陷入狂躁之中，又回到了无法完成任何要求、不能独自睡觉的状态，并且开始出现吃手行为。无法使别人理解自己，当情况对他来说变得使人焦虑时，他开始呻吟。

与我们取得联系，了解菲利普走过怎样的路程，我们如何帮助他，他在哪方面取得了进步，这个团队从未认为这些会对他们有所帮助。这种情况怎能不教人痛心！

而随着时间的流逝，所有人都觉得情况越来越糟，尽管家长认为他失去了已经建立的行为标志，但什么都没有改变。深陷在这种错误的信心之中，这个团队甚至没有考虑过即时缺乏教育环境都不会造成这样惊人的倒退！这种倒退导致孩子的父母去选择一家在比利时的机构！

第四章
相关术语

正如我们已广泛观察到的,理解自闭症并不是件容易的事,在这样一种负面条件下,至少可以假设,对于与这种病理相关一些词汇,我们已经达成了明确的共识。的确,自闭障碍总是表现为在关联、人际关系、交流、思维、行为或行动、体验、记忆、注意力、言语、抽象与概括能力方面的机能不全。这些机能不全到底是什么?这正是本章的研究对象。

本章将涉及交流、体验与实验、注意力和记忆、言语、思维活动,以及无意识与意识之间的关系。

交　　流

在自闭这样的特殊背景下,我们想通过"交流"一词表达什么呢?当然,如果我们参照一般的说法,交流就是分享、传递、通知、教授,但在人际方面,交流也是努力理解他人,在建立人际关系的最好方法上表现出直觉,在情感上感觉到分享行为或思想关系到什么。同样还包括足够认识自己,以便于分析自己的情绪,进而理解他人的情绪。

以上对交流的解释,对于某些儿童或成年自闭患者来说,几乎只相当于空想。

然而,如果我们不从这种假设出发,存在某些感受器可以使这些孩子在第一时间建立联系,从而产生交流,最好还是去做些其他事情,不要试图去帮助他们。

的确,我们已经习惯于看着那些没有障碍的孩子,轻松周旋于顿悟与习得之间。对于自闭人士,我们必须接受这样的观点,想要他们的天赋觉醒,就应该将一切建立于心理现象与习得之上。从某种角度来说,这是一个翻转的世界。我们应该明白,丹尼尔·斯特恩所说的"自我意识"不会一下子产生,而几乎可以说是后天的。此外,实验心理学方面的研究使鲍尔(Bower)、艾布尔-艾贝斯费尔德(Eibl-Eibesfeldt)这样的学者在 20 世纪 60 年代便总结出,在婴儿的中枢系统中存在一种对触觉结果的先天性预知,导致其动作以视觉刺激为目的。玛索的例子(见第三章)向我们展示了,他的动作并未与视觉感受紧密连接。恰恰相反,这些动作与一种错误感知一致,甚至不符合任何感知!这些孩子先天的发展因素表现出停滞状态,没有外部帮助的情况下,他们无法重新获得这些发展因素。

我们可以假设,自闭症患者的视觉障碍与动手障碍是由于动作与视觉之间的不协调。或者我们换一种说法:某些自闭儿童在完成任务时表现出视线游离,可能是因为感官上的不协调,而不仅是因为对操纵物品或完成任务不感兴趣。这种不感兴趣只是一种明显不理解的附带结果。

与此相对应的是,有些孩子一眼不看就可以完成某些任务。

这给我们造成一种感觉:这时理解系统没有依靠视觉,而是其他感官工具。

如果感官联系不存在,且影响了注意力的形成,怎样才能产生交流?

只有当我们找到能够使这些孩子解码人际关系或外界情况的正确信号,本能、顿悟、直觉和交流的渴望才会出现。我们深知这些信号以一种相互影响的方式发挥作用。视觉、听觉、手势彼此互补,它们的彼此分离是自闭人群经历的重大障碍之一。

因此我们必须找到最适合他们的传达方式。他们面对某种信号所表现出的极度敏锐可能会使我们震惊,而对其他信号则表现得完全迟钝。我们不要忘记,只要还无法认识到因果关系,他们就不可能产生交流。我们同样不应忘记,如果孩子无法理解相互作用的必要性,也不可能产生交流。然而,有些孩子会积极逃避交流。这就产生了一种对他们极为有害的悖论。这些孩子需要他人,以掌握事物的功能,而他们又经常逃避所有帮助,因为这些帮助于他们而言,仍然是不可理解的。在我们坚持在场的情况下,有些孩子会表现出走投无路的眼神,另一些孩子会躲在自己的保护层中,再次变得不可接近。

然而,无论他们对于我们的在场会有何种反应,永远都不应忘记这对他们是必需的。我们要在他们身上找出,什么属于恐惧,什么属于不理解,或者最常出现的情况是,同时属于这二者!只有通过极细致的观察,找出那些逃避或退缩现象的根源,我们才能找到治疗的最佳方向。

我们同样应该时刻谨记,交流依赖于习得,同样也依赖于情感,无论如何,我们都应该不吝于向他们传达我们的情绪。至此,我们会感到与他们一起生活在一个翻转的世界中。他们无法根据自己的情绪去理解我们的情绪，因为他们无法破译自己的情绪。与之相反，他们要通过逐渐发现我们的情绪，才能理解自己的情绪。因此，针对所发生的一切，我们应该毫不犹豫地表现出自己的情绪。

此外，我们同样可以通过十分简单的策略帮助他们交流。指向是一种必要的习得。我记得那些家长在自己孩子身上欣喜地观察到对于周围环境不断增强的理解：孩子能够自己在壁橱或冰箱中找出适合自己的东西。的确，孩子能够自我取悦是十分令人欣慰的，但相互作用不会因此产生。因此，在陪伴孩子、让孩子指出自己的选择的过程中，我们要帮助他们更加理解交流的必要性。向其推荐多种选择同样很重要。

PECS交流方法让孩子能更加直接地面对交流的必要性，因为通过这种从图片到物品的交流，他们能够获得自己想要的东西。

交流远远存在于言语之前。它源自早期感知所创造的联系。它在对满足、愉快、不满足或不愉快的体验中得到发展。它在先于言语的交流中萌芽，在言语交流出现的过程中繁荣。它先整合部分，而后又被整合于早期感知、感官运动体验、具体思维和抽象能力之中。因此，一切有利于其充分发展的方法都应得到实施。

体 验 与 实 验

在造成严重不协调的多种背景下，怎样解释任何孩子成长都绝对需要的这两个词：体验与实验。

我们已经提出了很多关于惯例与刻板的意义的问题，这些行为经常出现在很多自闭儿童身上。通过观察,很明显,那些在某天会具有意义的行为,现在都被剥夺了意义。这些强迫性表达仅仅作为隔离工具或对焦虑的遏制企图。无论如何它们都不具有实验意义,更不具有扎根现实的意义。

此外,它们也无法更有效地引起愉快感,甚至从弗洛伊德学说的角度看,也无法维持兴奋度和重建内环境的稳定。的确,当自闭人群面对使人焦虑的环境尤其是面对真空时,观察到刻板症的复发,刻板症持续存在,这一事实可以表现出能力不全的程度。因此刻板症不会引起任何愉快,也不具有安抚作用,它没有任何出路。尤其是,它不会陪伴孩子走向真实与体验。弗洛伊德强调过心理器官的第一项心理机能:愉快原则,即婴儿自我满足的能力,第一时间——为了避开期待与失望——产生欲望幻觉的能力。但他强调了这种圈套的暂时性效果。很快,这一圈套将让位于真实。在自闭儿童身上,如果刻板症相当于圈套,则一定不是愉快或不快的圈套。刻板症会中断交流,常常会寻求一种自我刺激的生命感。这点尤其可以在出现强迫性手淫或自残的幼儿身上得到证实。随后这种对感觉的寻求将会更加带有色情性质,然而这种寻求依旧没有出路,因为其与任何幻觉或既定目标都没有关联。

与分离或身体痛苦的早期经历相关的自闭病理范围内,某些刻板症会在精神治疗过程中重拾意义。这点可以从遗弃综合征(abandonisme)与医院抑郁症相关的病理中得到证实,因为这些病理的症状与儿童自闭症十分相似。因此我们可以看到这些刻板症与体验多么背道而驰。它们固定在一个强迫性重复的阶段,无法达到意识层面。故心理疗法医生应该尽量了解孩子的经历。这样他才能够在某些情况下,理解造成这种或那种刻板症的创伤,并使这些刻板症重新找到意义,以便于使其缓和或彻底消失。

以下是关于这种情况的一个小例子。

索尼娅的创伤性经历

索尼娅四岁。她来自一个不被期待、无法令人满意的、婴儿会被丢弃在收容机构里的国家,那些婴儿甚至还没有名字!她见过很多这种情况。她患有严重的唇腭裂和人际关系障碍,在她父母眼中,这些问题已经足够成为抛弃她的理由。索尼娅被一个热情、宽容的法国家庭收养。她接受过两次手术,现在可以正常进食。没有什么阻止她说话,但她不会说话。她通过尖叫获取关注,但不看别人。

在第一次会面后,我被三件事所震惊:

1. 她将一切我认为成色不错的东西放入口中,因为在手术前,这是她无法做到的。于是她像更小的孩子那样体验周围环境。梅尔泽将嘴描述为"创造感觉的场所";

2. 只要手中拿起物品,她就会将其扔在地上。如果我不阻止她,整个会面过程中都会持续这种状况;

3. 她用纸板或硬纸包裹手臂。

这个小女孩的经历使我无限同情,她人生之初不断被抛弃的经历浮现在我的脑海之中。一段时间后,我决定,当她将物品用力扔在地上时,对她说:"砰!就像索尼娅被扔掉!"她第一次看了我一眼,然后又开始扔东西。这次我没说话,她用一种询问的目光看着我,于是我又说:"是的,就像索尼娅被扔掉。"一个游戏得到建立。持续进行几周后,当我向她指出游戏的结局时,她不再扔东西。我对她说:"不,索尼娅,艾米女士没有扔掉你。你

> 离开这里但两天后会回来。"同时我用手指比出2这个数字。我帮她收集物品,然后放在她手中。她没有反抗,平静地离开。一段时间后,她只有在假期分别的时候才会扔东西,直至最后完全不再扔东西。
>
> 至于她包裹手臂,一天她的养母对我说,手术后,索尼娅的手臂被戴上套筒以防止她碰到自己的嘴,那些套筒曾经让索尼娅很痛苦。在模拟场景时,我对她说:"哎呀,我们摸不到嘴巴时多难过!"她跑到镜子前,撅着嘴抬起头。我将自己的手臂包裹起来,走到她身边,呻吟着模仿无法摸到脸的痛苦。她不看镜子中的我,而是拉起我的手,试着将它抬起来。很久之后,当她可以说一些话时,她向我抬起被包裹的手臂,将纸板扔在地上,对我说:"好了,嘴巴好了,不疼!"

以上关于刻板症的行为充分显示了,若将孩子固定在研究与现实领域之外,刻板症对实验的损害会有多大。

为了进入现实,孩子应该能够接受挫折,但为了能够接受挫折,还需要这种对挫折的体验逐步进行、一点点被孩子理解,就像我们为孩子建立一些规则与限制时所做的那样。我们在此发现,在为孩子建立一种对时间线性的前意识方面,早期感知的重要性……这种前意识在子宫内期间不断消失再出现,会成为婴儿建立信任,以及今后属于体验与实验范畴的一切的必要基础。

但是,为了达成这一过程,还需要先于意识的感知能够被记录在存储的过程中,没有这一过程任何体验都无法成型。参照弗洛伊德的理论,拉康在其"精神病研讨班"中写道:

"感知(wahrnehmung)阶段是为了记录,应该假设一些简单的东西源自记忆,且由记忆的多元性造成。对感知的第一次记录没有到达意识层面,而是同样受到同时性联想的支配。在这里,我们对同时性具有单纯的原始需求。"(Lacan, 1981)

我们刚刚说过,自闭人群在感知同时性方面有极大困难,以至于这种同时性无法建立在感官联系的基础上。

认知学家从自己的角度向我们展示了,感知由各种异质的模块组成,这些模块本身以一种模态间相互作用的方式运行。感知本身就可以使体验得到辨别和推广。

在《无言的孩子》(*Des enfants sans langage*)一书中,精神分析学家、语言学家劳伦特·达农-布瓦洛(Laurent Danon-Boileau),在认知学方面写道:

"从某种角度来说,模态间相互作用是模块性的结果……模块性/模态间相互作用保证了运行模块间的合作,尽管这些模块处于一种相对独立的状态。这使人们能够采取一种感知策略,这种感知策略是根据被感知客体的性质组织起来的,而不是根据用以理解的意义:因此,为了认出一张脸,我们不能使用与辨认一只杯子、一把刀相同的经验,即使在这两种情况下都是先使用视觉,但辨认一张脸围绕视觉所诱发的模态间关系与辨认一把刀所需要的模态关系实际上是不同的。一张脸在说话:这是视觉与听觉之间的关联,这种关系处于模态间进程的第一条线上。与之相反,刀是被操控的。这次是负责触觉的模块首先与处理不同种类视觉信息的模块连接。"
(Danon-Boileau, 2002)

正如我刚刚强调过的,认知学家与精神分析学家一致承认,只有渐进性的实验才能使人们获得事物与行为的逻辑。然而,在弗洛伊德之后,精神分析学家们强调体验满足或不满、感受情绪与情感的重要性。他们认为情绪的质量与感官混杂同样重要。他们将想象与象征的产生作为理解世界及其客体的必要工具。

因此,不应在智力、情感与直觉之间制造对立。这三者之间完全相互依存,是人类一切行为与习得的组成部分。正是从这一角度出发,梅兰妮·克莱恩提出"认知冲动",即孩子对认识、理解和控制的强烈渴望。

只有当与环境的关系符合这种对知识的渴望时,以上一切才会发生在婴儿身上。然而,当婴儿无法与这种体验分享建立必要联系时,很明显父母的回应会变得似乎毫无用处。当躲在防御性的保护层深处时,孩子的精神与心理活动是难以被察觉的。当父母无法察觉这些亲身经验时,他们会觉得面对一团昏暗,在这团昏暗中,他们的情绪和情感会逐渐减弱,乃至最终彻底消失。同样,外部世界对于这些孩子来说,仍然是难以理解的、混乱的,甚至可能是可怕的。

我们必须再次强调,想要体验获得意义,孩子必须理解因果关系。这点在所有的学习过程中可以得到证实。

同自闭儿童一样,对于一个没有障碍的孩子来说,知识工具通过渐进的方式锻造。最常出现的情况是,在逐步的连接中,这些工具可以触及一切情况与客体功能。但这些几乎不会在没有障碍的孩子身上出现,因为这种获取过程非常迅速甚至是同时的,以至于很难被发现。

自闭儿童的机能运转则完全不同。在理解一种情况、一件物品的功能第一阶段与获取全部之间,可能需要大量的时间。只有围绕这些阶段打造个人策略,我们才能使这些达到理解或成功的程度。这就要求教育工作者和父母具有极大的观察、思考及想象能力。

> 我想起一位教育工作者，一个孩子的父母要求她教会孩子安全通过红绿灯。这就需要从辨认两种颜色开始：绿色和红色。然后加上黄色。然后需要为这些颜色赋予不同的意义。一段时间后，为这些颜色搭配上信号灯和人的象形符号。然后用纸板建立一条保护通道。要使孩子理解信号灯的转换对人形符号的限制是极度困难的，且需要很长时间。最终可以让玩具娃娃通过这条通道。当这些都被掌握后，我们在院子里建立起信号灯，让孩子自己去体验这条安全的通道。当我们确信孩子理解了一切之后，会在真正的路上继续学习（放心，并不是在大马路上！）再过一段时间，孩子应该学习将这些习得推广到不同的交通路线上。现在他可以独自穿过马路，但这个习得的过程持续了一年以上，并且，只有当我们确定他的注意力与记忆力足够使学习的各个步骤内在化时，这些习得才真正"可投入使用"。

模仿、注意力与记忆

拉鲁斯词典告诉我们，注意力是"通过精神固定在某物上的意识"，而记忆是一种"回忆能力的效果"；同样也是"保存先前获取的思想的能力"。因此，固定和保存成为一切体验与习得的关键词。然而，很明显只有在孩子成长之初将警惕、模仿、情绪结合其中，才会产生这两种能力。

模仿是一个复杂的过程，需要借助一切心理、精神及运动设备。在模仿中,发展的先天因素和自身对家庭环境的体验得以统一。

这些在一种早期的往返方式中得到组织。父母很快会在动作和声音上模仿婴儿。然后又轮到婴儿模仿父母,这些分享时刻给父母和子女带来心理愉悦中,模仿从而得到建立。

多数自闭儿童缺少这种最初的相互影响能力。他们之中,很多人无法将自己的能力用于更好地回应他人对自己的表达和要求。

奥古斯坦怎样学习分享

> 奥古斯坦特别灵活。他有一种超群的平衡感。但当精神运动训练师抬起手臂,并要求他做出同样的动作时,他却无法做到。(我已针对这种障碍的假设做出过详尽解释,在此不再赘言。)因此,我们不能在开始就借助于模仿以吸引其注意力。这是一个漫长的过程,有赖于长时间的游戏,游戏过程中,在两个成年人的帮助下,我们帮助他理解了轮换的规则,并通过"轮到你,轮到我",围绕专心观看活动展开。

注意力,记忆以及对信息的筛选处理,是行为学深入研究的对象。很多研究者注意到一个有趣的现象,信息过载与筛选能力不全会导致主体思想无条理与思维麻痹。至此我们可认为自闭症患者的世界正如我们的想象:一个被黏稠的信息堵塞的世界,没有容量也没有实体。

注意力与行为障碍和交流障碍紧密相连。通常认为行为障碍导致注意力障碍。我的想法恰恰与之相反。如果婴儿不能借助于早期感知来认识周围的世界,他怎么会专心呢? 他会处于一种极

第四章 相关术语

度令人担忧的情况。他会使用自己唯一能够接受的工具暂时缓和这种焦虑。这就是运动工具。因此,他会焦躁不安地摇晃就像是为了排遣恐惧,或者躲在低紧张性中作为对自己的保护,而实际上这是一种严重的麻痹。

注意力会被投注在我们所做的事情之中,同样也会被投注在他人身上。除非陷入一种盲目的自恋,否则,我们会对自己对话者的心理状态十分敏感,并且会在说话或反映方式中顾及对方的心理状态。正是这种人际关系的连锁反应决定了对问题或对所处情况的回应质量。如果婴儿一点儿都无法找到平息自己焦虑的回应,注意力就不会有意义。只要没有针对这些重大困难展开集中研究,对婴儿来说,对信心的理解、对回应或适当方法的寻求仍然是陌生的。

就这样,与周围环境和对话者建立的关系质量决定注意力得到积极或否定的强化。这点在无障碍的孩子身上十分明显,但我们可以确定,自闭儿童也是如此。即使他们在很长时间之内都无法向我们表现出他们的兴趣、情感或侵略性,我们也永远不该冷漠对待他们。这种表面上的情感淡漠会使早期关系的建立与护理方案的制定变得十分艰难。

正如我上文中提及过的,某些自闭儿童无法在群体中完成任务,只有在个人关系中才会变得有效率。此时他们的行为会完全不同。在群体中,他们会发怒、陷入过度活跃之中,而在一对一的关系中,他们会保持安静和专心。当然,个人环境比集体中的嘈杂更令人安心。但于我而言,这些孩子同样需要成为对于某人来说"重要的人"。某个可以与他们分担任务或向他们展示怎么去做的人。或者是某个观察并评价他们心理活动的人。即使他们的依恋没有表现在脸上或行为中,我仍然相信这些分享时间对于自闭儿童或成年人的重要性。正是在这种人际关系中,他们身上会产生注意力。当他们忽视"道别"时间时,这点表现得尤为明显。

我们还知道,注意力依赖于对一项任务的兴趣。我想起了玛索(见第三章),只有在理解了拼图的玩法之后,他才会保持安静发挥身体机能。最初,很难确定什么使这些孩子变得专心。因此观察时间非常重要。无论如何都不应与他们一起陷入盲目活动之中。的确,对于因为无法与他们建立关系所造成的焦虑,活动是一剂良药。但保留一段观察和团队讨论时间,对于制定发展过程是十分必要的。

如果说注意力与情感和理解现象紧密相关,对于记忆来说也是如此。

然而,我们在此需要面对自闭人群的众多悖论之一。我们多么惊讶于某些自闭症患者的惊人记忆力:视觉上的、听觉上的、嗅觉上的……

我想到一个孩子,某天当他母亲因为绕行,不得不改变带他来医院的线路时,突然爆发的狂怒。我想到当项目或时刻表发生改变时,团队中孩子表现出的巨大忧虑。环境与时间表的任何改变都会使他们反应强烈。凯纳认为对不变的需求是自闭综合症的主要症状,我们可以假设正是这种需求使他们熟记这些无法回避的常规情况。

任何改变都会使自闭人群忧虑。因为自身处于一种僵化的状态,他们会在这种情况中重获安全感:他们的周围环境不会比他们自身变化或移动的更多。这就可以解释,为什么相较于人,很多自闭症患者会对物品更感兴趣。人会改变表情、改变行为、改变衣着,因此不那么使人放心。

记忆是保存和修复信息的特性。的确如此,但不只如此!有些自闭患者能够记住词典、电话号码簿、一个城市的地图或公交系统。但这涉及何种记忆?其中是否存在修复?我们无法否认这是记忆,但它完全处于交流系统之外,它建立在一种我们很难理解的幻觉之上。它作为一种无意识行动、一种与思维和意识相脱离的机制在运行。

它常常属于一种兴趣的范畴,这种兴趣不会引起任何分享,除非是为了对自己的研究有所帮助或回答研究中出现的问题,去找到地图、书籍以及相应信息。我想起在一次关于阿斯伯格综合征的研讨会上,托尼·阿特伍德(Tony Attwood)提到一名少年,他只对苍蝇感兴趣,在这方面的知识甚至超过很多专家。阿特伍德讲到,由于疲惫,他出去了一段时间,回来时发现这个男孩完全没有意识到他的离开,就像什么都没发生一样一直讲话。

构成记忆的必要因素之一是时间因素。记忆与模糊的回忆彼此结合。"你记得吗,维尔吉妮出生那年发生了同样的事!"然而,我们知道时间对于自闭症患者来说多么难以管理。过去与将来的经历永远无法被记录在他们的记忆中。因此,他们的记忆只能被整合成一条记忆链。需要我们去帮助他们!

另一种因素也同样构成记忆,这就是感官联想。"你来的那天,街上非常吵,邻居在煮大葱,那个味道简直太可怕了!"让我们想起他们混杂的困难。

记忆同样还具有空间与场所标志。"那件事不是发生在办公室而是在餐厅"。

最后,记忆是选择性的。为何选择这件或那件事?如果我们认真观察,就会发现这主要与那些会造成正面或负面感受的实践相关。对于同一件事,可以讲出两个老故事,因为大家的记忆很少一致。显而易见,记忆受到个人理解的影响,每个人都有自己心中的事件。其中涉及心情状态、自身或相互间的主观性状态……

这些参数都不会出现在自闭人群身上。当我们开始帮助他们时,记忆的社会方面是不存在的。其配合作用没有显示,人际关系动力几乎没有出现。

然而,当能够使他们出现早期感知时,我们可以期待出现某些联想能力。这些最初的联想、最初的痕迹构成了记忆。

蒂埃里和作为连接物的音乐

蒂埃里总是睡觉。什么都无法吸引他的注意力,除非我抑扬顿挫地说话或是哼歌。他会睁开一只眼,瞥我一眼。一天,他躲在垫子下面,哼出莫扎特《小夜曲》的前几个音符。幸运的是,我对这首曲子很熟悉,接着哼了下去。他站起来,过来摸着我的嘴,然后拉起我的手认真地看着我,让我再唱一次。那天,我们之间产生了人际关系的雏形。之后,我十分关注他能够哼唱的旋律,然后愉快地加入其中。我向他母亲详述了这件事情,她告诉我,她很喜欢钢琴,在怀孕期间经常弹奏莫扎特的这首曲子。后来,我们能够一起唱歌。我送给他一个能发声的小玩具,随后他开始学着说话。

第四章 相关术语

言　语

> **朱莉的哲学问题**
>
> 朱莉因为厌食障碍来找我寻求帮助。她是高三的学生,因为哲学课非常焦虑。有天这种交流达到了极点,因为她被问到这样一个问题:"话语与行为是否具有同等作用?"她认为这个问题很荒谬,说道:"这种二元对立是什么?话语存在于行为之中,反之亦然。"当然,她补充道,"有时,我们会感觉面对话语或行动的自动性,这些话语或行动是思维之外的本能反应,但这不是他们要我回答的!"

经验使然,这个问题使我对自闭人群的语言问题进行了思考。

在思考先于语言的交流和口头语言选择的过程中,我脑海中又浮现了那些父母的提问:"但是,如果我们孩子能够借助手势或象形符号让别人理解自己并理解我们,他们就不需要说话,永远都不会开始说话!"然而恰恰相反,利用手势与图片的方法,有利于孩子获得言语能力。梅洛-庞蒂(M.Merleau-Ponty)在《知觉现象学》(*Phénoménologie de la perception*,1945)中确认,言语扎根于手势。一个孩子首先用肢体语言说话,家长帮助他为其赋予意义。在没有言语的自闭儿童身上,精神分析学家十分关注这种原始语言。他们试图去理解这种原始语言,赋予其意义,以帮助这些孩子理解自己,尽管一开始几乎很难做到这点。

那么,通过什么才能掌握言语? 即使在今天,还是有很多这方面的疑问。无论如何,(至少)要认识自己和他人,能够储存经验、来自不同通道的感觉、体会，理解要求与回答的过程，在动作与语言间建立联系，从而获得交流的渴望。

言语总是借助于非语言的现实。胡塞尔（Husserl）表达过这样的观点，言语既不是第一位也不是自主的，它只是对现实理解的次级表达。拉康将自己书中的一章定为"精神病研讨班"（1981年）："能指，什么也无法表示"。通过这句话，他指出，将我们与动物世界相区分的，是能指从将自身包含在内的联想链中提取自己的存在。

这意味着有一种言语行为，这种言语行为包含在对时间的永恒参照中。当我们说话时，我们总是处于现时之中，只有以过去和未来为参照才能起到作用。这是线性时间。

这同样也意味着在逻辑、实践与情绪方面，言语与思考和记忆相关。人类所特有的一面正是处于思维多级之间的混杂之中。在幼年之后，人会进入象征机能之中。这种机能意味着，能指像所指一样，能够展现、代替或表示其他最初凝结于自身的东西。无法获取言语，能指就没有任何在隐喻或换喻方面的象征方法。

布封认为，这是因为言语意味着一系列动物所没有的思维。因此没有言语表明动物的思维没有任何连贯性。

奥地利逻辑学家维特根斯坦（L. Wittgenstein）认为，"言语游戏"参照不同背景与不同功能的同时，建立在这些背景中并具有这些功能：说服、诱惑、使人惊恐、使人感动、叙述、询问……我们会看到这些功能必须以人际关系状态持久性为前提。某些交流工具在一些非洲部落中被沿用至今——例如以鼓声为言语——显示了可以进行口头语言之外的交流，但这种言语只能建立在节奏与密度现象的基础上。为了能够理解这种言语，必须了解其编码，并且这

第四章 相关术语

种编码不能有任何改变。摩斯密码、按音速记打字法或速记法也是如此。这其中确实使用到符号,但这些符号在联想范围之外,正如拉康所强调的,这些符号没有任何能指意义。

同样,当自闭儿童能够说一些词时,我们也不能说这些孩子掌握了言语。对他们来说,这些词表示一种非常准确的东西,却无法使我们理解他们所要求的物品处于何种背景之中。一个孩子说"喝"表示他渴了,但怎么才能知道他想要水、果汁还是热巧克力呢?

我不只一次听到心理治疗医生向我抱怨,他们对这个或那个孩子什么都做不了,因为他们没有言语。

我认为这种反应属于一种巨大的混淆。如果口头言语的出现对于联想能力的建立必不可少,它同样也是表达与次生交流的传输工具。很多孩子在三十个月之后才会说话。我们却不能因此说他们不想被他人理解以及理解他人。我们也不能说他们没有获取象征体系。他们在游戏中很好地表达了这一点。

因此,即使口头语言缺失,我认为精神治疗仍然可以帮助自闭人群。将这些孩子或青少年引入练声、游戏或分享的领域之中,就是给与他们最初对交流的渴望。经常是在偏离自身要求的情况下,他们才会说出一句话。心理治疗师正是为了理解这些孩子的需要而开展工作。被他人理解是有利于产生话语的第一步。

我们无法将话语活动与思维活动分离。二者彼此影响,根据是自发性产生或思考后发生,思维可以在行动或行动之后。这是我们与动物的主要区别之一,动物的行为只属于本能。海德格尔说过,人类生活,动物生存,物品存在,同样也指出了人类与动物在互动模式上的区别。

我们同样可以说,行动代表话语,话语是一种行动方式。但想要一切存在,还需要在行动与话语之间建立关系。在病情严重的自闭儿童身上,话语不会出现,因为它不符合任何事物。言语与行动无关,行动也与言语无关。这时就如同在意义的空间中,语言与行动彼此分离。

能指与所指没有相互驳斥,或者以一种分块的方式相互驳斥,这会阻碍普及与发展。

有多少自闭儿童无法在词语与物品、图像间建立关系。在此,这种彼此分离更加严重,因为缺少视觉认识,无法认识到三维客体与其"平铺"的表征之间的联系。

然而,如果没有获取物品—图像(抽象的第一阶段)间的联系,那么代表这二者的能指或词语又是什么?抽象词语的绝对先决条件是对其所代表物品的理解以及对这种物品的内部表征。

对某些情况的习得过程(如交通指示灯)需要经过一个相继的适应过程,对词语的获得同样需要通过身体动作、学习如何具体使用物品以及对这种物品的视觉认识。因此,这种学习应该一直伴随话语,以便语言表达过程逐渐对孩子产生意义。

获得话语本身并不是最终目的。正如我所强调过的,在某些孩子身上,获得的词语并不具有一种持续的意义,它会退化为言语刻板症。与手势刻板症一样,这种对一个词语、一个句子、或一段难以理解的辅音与原因的混合,会迅速失去意义。我认为,由于体验没能够固定,孩子会冷不防说出一个词,然后就不会再说。

其他孩子会通过及时或延迟的言语模仿获取言语能力。这将开始产生交流,因为孩子掌握了他人的言语,而我们肯定会给予回应。我想到一个孩子,他模仿我,有时在会面开始时以一种完全不

第四章 相关术语

适当的方式对我重复:"好了,我们做好!"直到认为对治疗的投入足够,我让他按照自己所说的话去做,目的是借助早期终止使他失望。我所谓的"行动",即我同意在5分钟的治疗后,我们再坐好,这段时间足够他说话——他会勃然大怒——以便于在接下来的会面中,他能够恰到好处地使用这个句子,使这个句子脱离言语模仿的阶段。

最后,有些孩子会很快接受言语。还要求这些言语具有交流意义。讲话意味着有一个对话者,话语会根据这个对话者调整,以便尽可能被他人更好地理解。有时,我们确实会对自己讲话,我们很高兴在其他孩子身上观察到这种现象……但是,这种"高度思考"是一种常与过去或将来的情况相关的梦想。

为了以弗朗索瓦(见第三部分)为例子,我曾对他进行过很多年的精神治疗工作,才使他能够向我讲述那些使我感兴趣、厌烦、高兴或伤心的事情。在这个漫长的过程之后,他才意识到自身的人际关系障碍。

在那些过早获得言语能力的阿斯伯格综合症患者身上,我们发现,正如阿特伍德所描述的那样,语言仍然很难在交流层面上使用。

我们可以做出如下总结:

说一个词不是说话。说两个词已经证明了一种联想能力。在其中加入一个动词就处于存在、需要、时间与空间的领域。使自闭儿童理解言语十分重要,但还不够。接下来的步骤是使他们能够区分,这可以使他们理解言语的必要性进而发展使别人理解自己和理解他人的能力。

在本书开始我已经提及,婴儿应该跨越一个分离的阶段以使自己变得自主。我认为获取言语能力是分离的最后一步。对于自闭人群来说，这仍是一个艰难的过程，因为分离常常等同于破裂、分割、解体或其他分裂现象。

因此，我要再次强调使自闭儿童达到最大程度自我独立的绝对必要。因为自我独立代表了个性发展影响最大的一面。即使感到无知的状态非常舒适，但正是通过辨认自己的"独自"完成能力，孩子向周围的人表现出自己长大了。

我们需要帮助自闭儿童长大。

思维活动

我要再次引用唐娜·威廉斯的话：

"一直以来，自闭症将我关在一个地窖之中。自闭症先于思维；我最初的思维被限制于对他人思维的机械重复。自闭症先于声音；我最初的语言是我所听到的对话的荒谬回音。自闭症先于言语……自闭症先于最微小的个人愿望……没有任何事物与我相关。由于没有任何自我的基础，我就像一个被催眠的主体，完全向一种既定程序或重复程序开放，不会提问也没有个人认同。我处于一种完全异化的状态。自闭症，于我而言，即是如此。"（Williams，1994）

因此，她在25岁时发现了自己患有自闭症。这部优秀的作品让我们更加深刻地理解了自闭症患者防御系统的曲折，借助于这些系统，自闭儿童和成年人保护自己不受完全陌生的外部世界的侵袭。威廉斯还写道：

"所有我无法掌控的都是恶意的。"

然而，思想只会出现在对理解和交流的渴望之中。在《体验的来源》(*Aux sources de l'expérience*)一书中，比昂正是将思想的形成置于这条主线之上。他提出这一假设，在真实思想前存在原始思想。他称其为"原始思想"(*proto-pensées*)或"β元素"：这些将是"情绪的活性"。感官印象构成了"思考思维的器官"的基本材料。记忆源自不同感官记录的形象：听觉的、视觉的、嗅觉的。

婴儿还需拥有意识到自身"情绪体验"的能力。比昂将其称为 α 功能，即由一种不协调的感觉状态形成一种感知组织，这种感知组织可以产生注意力、记忆以及思维产生所需的全部必要条件。

比昂一直坚持，只有得到母爱环境的帮助，婴儿才能够管理最初对缺失、等待和挫折的对抗，一切才能得到组织、建立。对于这些最初的情绪体验，可能会产生以下两种反应：逃避或改变。后者是一种在亲身经历中得到组织的方式，这种方式顾及了外部现实的因素。能够思考，就是能够超越现在的时刻，同时参照过去的体验投射向未来。

与比昂一样，在最后一部理论著作《嫉妒与感激》(*Envie et gratitude*)中，梅兰妮·克莱恩参照比昂的观点，描述了婴儿与世界、与母亲怀抱的最初关系。她强调"memories of feeling"，我认为这一说法被错译为"感觉形式的记忆"而不是感觉，对于表达最初感觉，产生言语的重要性。为了获得言语能力，这些最初感觉需要得到记录，这种记录应该首先以记忆痕迹的形式，随后逐步发展为与空间和时间体验相关联的形象。

心理学家亨利·瓦隆（Henri Wallon）认为，正是在行为中产生思维。行为与思维间的差异不存在于本质而是在某一层面上。皮亚杰也向我们指出，抽象与概念思维通过最初的运动感官得到锻炼。

我还要补充,没有逐步的学习与对身体能力同样循序渐进的认识,孩子就无法获得思维的最初功能。后者通过模仿、理解、比较或判断能力得到组织。

相较其他人而言,笛卡儿更好地总结了思维活动:"我思故我在"。而唐娜·威廉斯对此总结为,年轻的自闭症患者处于严重的"不在"阶段。他无法自我认识、自我理解,没有任何比较能力。他被隔离在一种机能之中,其中只有对需求的直接满足。从此无法接受挫折、等待,也无法接受缺失,而比昂认为,思维正是产生于此。没有来处也没有去处,"非历史性"使自闭患者陷入一种"思维之外"的状态中。他无法找到最初感觉的标志,亦无法与之协调,以产生比昂所说的"思维活动",这种思维活动应该作为处理"思维"的方式或器官得到发展。

无论引述何种例子,都一致承认感官体验对思维产生的绝对影响。但还需要这些体验彼此紧密联系,以便于孩子能够在身体和心理上自我组织。因此我要再次提到早期感知的作用。

声音与节奏是其他感官产生的根源。逐步学习它们可以构成理解持续性和间断性现象的阶梯。它们让孩子能够承受等待、缺失和挫折。如果这些最初标志缺失或是太微弱,在最初关联的位置上,只会有空虚和不理解。那么内部心理世界经历与外部世界经历要如何连接才能建立这些最初环节?感官数据彼此结合的必要标志、对满足或失望的最初体验又产生于何处?

这就是逃避:这些环节将会无效。它们将会成为一种防御系统(保护囊或保护层)的牺牲品,唐娜·威廉斯认为,这种防御系统会在思维活动建立前损坏这些环节。

第四章 相关术语

这本书中，我们数次提到感官分离。在涉及交流、注意力、记忆、体验与言语缺失的同时，我要强调这些分离同样对认知过程造成损害。这是不存在言语的交流领域。由于记忆与注意力的减弱，交流无法建立；更新的体验无法与任何感官结合。

我已针对自己所提出的注意力—感觉做出解释，但我还要在此重申，因为我认为这是自闭障碍的重大问题。在这个联想过程无效的世界，怎样才能产生思维？通过观察某些自闭症患者的生活，我们会迅速认识到他们的能力不全，使他们自己明白为何或怎样产生这样的行为或那样的情况。解释永远是不可能的。这些解释既不会被自闭患者倾听，他们也无法给出解释，因为行为只与直接需求相关。这种直接性的绝对必要使需求的表征、"上演"以及上升到思维层面变得不可能。思维意味着与行为之间的距离、心理空间，以及产生这些的因素。我们非常了解这种无思维的行为，其影响有时是灾难性的。在其"表面上的不存在"中，自闭症患者躲在自己的保护层中，似乎只会让我们看见，永远不会让我们理解。封闭听觉、封闭视觉、封闭一切可以使其接受外部世界的东西，自闭症患者生活在一个需要我们去破译的世界，而我们要做的是通过合适的工具，向他们提供使人安心的方法，使他们能够面对并理解周围环境。只有认知、心理与感官的再次混杂才能使他们学会使用思维的工具。

我要再次以能够自己在冰箱里选择食物的孩子为例。必须使他们理解，他们应该在一定背景下满足自己的饥饿或干渴。这种背景中会存在要求、对这种要求的解释或评论、对肯定或否定回答的等待、对回答的理解以及对人际关系的绝对需要。我们应该使他们理解这些。这种具体意识，这种将满足需求的必要连续行为的线性,需要所有帮助自闭人群的参与其中,需要深刻理解自闭障碍,还需要无与伦比的耐心。我们需要在显微镜中工作。我们需要以我们在自闭方面的知识为钥匙。尽管这些还远远不够解决所有问题,也无法彻底治愈这种病理。然而,我们还是要谦卑地使用这些,不要像经常出现的情况那样,试图一下子反对或否定这些关联性。

无意识与意识

如果以对无意识与意识的关系的深度思考来结束本章,似乎显得有些自以为是。但我情不自禁想起在一次关于自闭症的会议上,一位精神病专家极具争议性的宣言:

"自闭症患者没有无意识。"

这句话在当时引起了一阵令人印象深刻的喧哗。

然而,我们不要上当,有这种思想的远不止这位精神病专家。像其他人一样,于他而言,只有能够导致最初无意识形成的那种抑制存在时,才会有无意识。这种原始无意识是自闭症患者所缺失的。因此这会造成他们在获取前意识与意识方面的缺陷。

我无意回到精神分析方面的论战上。但我们不应忘记弗洛伊德的人格理论:本我、自我和超我,在这三方面,无意识是存在的。

行为主义者忽视无意识,因为他们认为,我们只能意识到那些可以衡量的东西。至于认知学家,他们承认人际关系方面的重要性,但认为在为自闭人群制定教育计划时,不必——在心理动力方面——将无意识考虑其中。

这本书的内容明确反映,我反对这些观点。

第四章 相关术语

考虑到一切的产生都取决于对习得的早期组织,而这些习得与早期感知及其影响紧密相连,我觉得,认为自闭症患者可以在承载建立早期关联的无意识(即使其功能被扰乱)不存在的情况下发展,这种想法是荒谬的。这些关联无疑太过脆弱,无法在本能上变得实用,但这种关联还是存在的!

没有由此而来的对复现表象的获得,没有对形象与感知固定的冲动源头,什么都不会出现于意识之中。

那么我是否能够提出这样一句口号:不存在既没有前意识也没有意识的无意识?

我认为针对自闭症患者,最难的不是帮助他们达到能够与周围环境接触的意识状态,而是使他们重获其自我的无意识部分。然而,情感潜力与交流的基础组成部分正是出于这一无意识部分。

想象、理解他人的反应很大程度上取决于我们只能部分解释的本能手段。为什么以这样或那样的方式反应?为什么使用这种推理?为什么喜欢或讨厌?为什么用这些词而不是其他词?从后天角度考虑,这些仍然难以理解。我是否就这样在精神病专家的"磨坊"中加了"水"?无论如何,我表达了自己的看法。

在关于自闭症患者方面,我们又要回到此前讲到的"精神理论"和"粘附性认同",也就是机能障碍会破坏自我与他人、意识与无意识的灵活流通。他们没有梦想,只生活在实际功能之中,就像使徒多马,要接触他们,才能相信他们常常缺少想象力。脱离客观现实的生活是危险的,因为他们不知道这会将其带往何方。他们无法感受回忆或创造的快乐。就像很多精神病患儿,他们无法分辨想象与现实。某天我像手上的橡胶狮子一样吼叫,下一秒孩子尖叫着逃向走廊,这是我的不幸。而当有一天,同一个孩子自己笑着将橡胶狮子扔向我时,这是我光荣的一天。他掌握了如何做相似的事。

伯格森(Bergson)认为,当我们的行为变得不由自主时,我们的意识已经从中退出。他写道:

"(……)我们意识的不同强度似乎符合我们行为中所包含的选择、创造的总数。"(Bergson,1959)

自动性、创造、选择都属于心理内部流通,我们永远无法了解无意识与意识怎样在这种流通中彼此连接。作为对所思考过事物的本能反应,梦也是一样。同样还有口误和白日梦。

正是在创造与选择的能力中,人们找到希望、幸福或不幸。这同样是自由的基础。我们从亚当与夏娃时代起就很清楚。我们的自闭儿童对此一无所知,他们是不自由的。他们没有怀疑,没有幻想,也没有可能。他们无法承受等待与失望。他们的选择仍然被封闭于思维推算之外。在我喜欢和我不喜欢之间没有过渡阶段。这种缺少过渡令人担忧的,就像一个只能倒空或装满的容器,他们对情况的判断只能是完全正面或完全负面的。这种过渡空间在他们身上所引起的焦虑,还有很多没能被我们研究并理解。过渡空间可能引起身体和心理方面引起缺失与空虚,以至于要不停地去填满。这些还在总是不停地清空容器,再尽快将它们平平装满。这似乎真的可以证实他们的自我抑制能力,以及控制自身焦虑与难以忍受的空虚感的能力。

我不止一次强调自闭患者在建立空间—时间标志方面的困难。从弗洛伊德时期起,我们就知道无意识与时间无关。但是,我们几乎不知道怎样从这种无时间性过渡到意识中对空间时间的认识。

第四章 相关术语

然而,我在处于严重等待阶段的自闭症患者身上观察到了什么?

他们无法忍受等待,在这种似乎凝固的非线性时间中,他们变得惯例化。他们对更新的体验毫不敏感。他们有一种限制之外的身体经历。他们在一种对自身的无归属感中游荡。对于一切改变其存在环境的事物,他们感到巨大的焦虑。

在这种灾难性的杂乱混合中,意识状态会在何处产生?我们觉得这些孩子并不是没有无意识,而是与之相反,被困于无意识之中,而那些没有获得言语的孩子也无法跨越前意识的障碍。他们被固定在一种无法感到矛盾与失望的状态之中。他们生活在一个依赖直接满足的世界中。

曾有多少次,我感到面前的孩子无法跨越这堵无意识的高墙,只能表现出灾难性的焦虑?我听到这个孩子用沉默告诉我:

"尤其不要动,不要靠近我,我在一条绳子上,如果我动,我会摔下去,我会死掉。我不动,你也不动,我才能活下去。"

如果这些孩子身边的家人和专业人员屈服于其引起的恐惧或忧虑,如果他们不能或不知道怎样应对这些孩子投射在他们身上的空虚感,那么什么都不会改变,这些都会向一种我们已经认识到的长期化演变。

在对自闭人群的护理与教育方面,我们不应过早下结论。这些患者需要长期跟踪治疗。对于他们,我们会处于一种"针线活一直在织机上"的状态。什么都不会得到。一切都要根据每个自闭症患者的个人发展去继续。对于有些自闭症患者,一切都很快,在少有或没有保护的环境中,整合可以完成。对于其他患者,进步会十分微小。然而,现在我们已经知道,怎样引导他们走向个人自主,以大大减轻他们及其家人的痛苦。

一位正音医生最近向我说起一个 23 岁的小伙子,他刚刚掌握言语。在 PECS(通过交换物品图片交流的系统)培训的过程中,他对我们讲了一个故事:一个无法交流的老年女性在几个月后,能够借助图片表达自己的宽慰,终于能让别人明白自己的意思了!

这就是为什么,我敢于坦陈,在太多专业人员身上表现出的各种迟疑令人沮丧。学习去了解教育项目,选择最适合每个人病理的方法,这些必不可少。永远不要忘记,这些患病的孩子有与其他孩子一样的需求,他们也需要范围、限制和教育原则。也不要忘了他们承受着难以言喻的痛苦,需要我们试着去理解、缓和这种痛苦。最后给与他们一切可能让他们表达自我的方法,以上应该成为我们日常的圣经。

观察、理解和练习是解决自闭痛苦的一切方法的关键词……除非我们认为这些自闭症患者的无意识不存在!

因此,在结束本章前,我希望向各协会、机构发出的警报声可以引起足够的回响,能够引起大家的关注,使大家意识到认知学与心理学之间的不合时宜的论战是极为有害的。在这方面,法国仍然处于落后的争论之中。不要再将自闭人群当作难以接受的冲突中的旗手,这对他们是十分不利的。将他们看作一个整体的人。独立自主和交流与情绪、情感、快乐、不快以及对痛苦的缓和密不可分。

第二部分

临床案例"弗朗索瓦或黑洞"

序言	123
第五章　第一步	129
第六章　今天的弗朗索瓦	187

序　言

正如我在本书前言中所做的简短解释，我会在这一部分回顾为弗朗索瓦进行精神治疗工作的最初五年。这部分可以总结为"面对自闭症"。

在我的第一本书中可以看出，这个孩子身上所有我无法了解的地方，都使我十分感兴趣，这也帮助我能够更好地描述其发展的各个阶段以及我们共同走过的路程。这种对过去的回顾，有利于我将临床理论的目光置于未来，因为这与弗朗索瓦的现状及幼年时期的严重自闭表现相关。

我同样希望这篇文章能够说服所有怀疑精神治疗对自闭儿童是否有利的人。在认为精神治疗无用的同时，这些人低估了这些孩子的心理能力，几乎可以说，他们否认这些孩子自身某一部分的存在，一旦得到恢复，这一部分便属于巨大财富。

以下是明确这种精神治疗最初范围的几个因素及各发展阶段。

我是何时开始与弗朗索瓦接触的？——他十八个月大时。那他的父母？——是一位精神病科医生将这个家庭介绍给我的，他诊断弗朗索瓦为自闭症,并希望他能够开始接受精神治疗。这个医生感觉到,尽管已经向他们说明了诊断,弗朗索瓦的父母还是没准备好承受这种全方面的重担。因此他希望,精神治疗所需的初步交谈能够慢慢帮助他们理解,他们所承担的教育责任与我自身的工作相结合所带来的好处。总之,他希望我能够比他更有说服力!

为什么要有初步交谈?我一直认为无论对孩子还是其家人,都需要看到"风是否吹过"……将孩子委托给一位医生必须以父母方面的真正参与为前提。对于心理疗法医生,这是一项长期工作的前景。精神治疗应该开始于对所有原因的了解以及双方的彼此信任。

首先,我要确认这个家庭承受的重压。一次晚期流产使弗朗索瓦的母亲陷入忧郁之中。这次事件给她造成了极大创伤,以至于她无法立即向我说明。她只有在一段时间之后才能说起这件事。她在其他方面产生了负罪感。她极度沉默的丈夫几乎没有给她安慰。他们之前不会谈论他们儿子的情况,他们的忧虑沉重地压在夫妻关系之上,因为他们无法分担彼此的忧虑。毫无疑问,我的出现与帮助使他们重新建立了彼此之间的关系。

逐渐地,他们能够对我诉说,无法与弗朗索瓦交流使他们感到多么沮丧。他们向我描述的弗朗索瓦,是一个极为乖巧的孩子。他不哭,从不请求父母陪在身边,被抱起或摇晃时也没有表现出任何快乐。在其人际关系回避反应表中,卡雷尔说过,这类婴儿"对他人的主动性反应微弱"(Carel,2000)。弗朗索瓦的母亲向我描述了与其交流时所产生的这种无用感。

"他在我的怀抱中很僵硬,他不看我,我觉得自己几乎抱不动他。艾米女士，我要向您承认，我完全没有感受到像与大女儿在一起时的那种快乐。可是您知道吗？我当时多么幸福地等待他的诞生。当然，流产后我十分忧虑，但弗朗索瓦的足月诞生对我来说是一个奇迹、是一种重生。但是，您看，这个孩子，我完全无法理解他。"

很明显，婴儿时期的弗朗索瓦缺少一种本能能力，无法通过早期感知的过渡阶段建立关联。孩子没有任何请求，父母不知道怎么在他身上引起亲子关系需求。几乎可以说他们放弃了这一部分。

的确，我们不能低估流产带来的抑郁后果，但我认为这并不是造成弗朗索瓦病理的原因，只能说他的母亲因此更加难以承受弗朗索瓦的封闭状态。当向我提出关于其病理根源的问题时（见第六章），弗朗索瓦自己暗示过这一点，但很难分辨清现实与事后重建。流产使母亲陷入抑郁，但是否会使她消沉到难以发现、甚至是不可能发现孩子极度脆弱的人际关系状况？或者无法掌握其母亲所提供的亲身经验，是否是抑郁所产生的自恋性创伤造成的结果？

我之所以在此提出大量此类问题，是为了说明父母的某些早期支持多么重要。

我们已经可以总结出弗朗索瓦的早期状态，他没有任何兴奋性行为，表面上仍然对摇晃和声音无动于衷，没有什么可以在他身上建立心理和亲子关系。

在治疗开始之后，面对这个孩子令人难以置信的心理重听与目光缺失，我认为应让他处于一种声音环境之中。在与父母的最初交谈之后，我很快发现这种环境的缺失。正如感到患自闭症的孩子对自己的声音刺激无动于衷，很多父母承认自己完全没有与之交谈的欲望。因此,我在向弗朗索瓦提供玩具或活动的过程中,始终伴随着语言刺激或评论:简单的词语、鼓励、感叹、拟声词、动物的声音,抱起他时,我会唱歌等。通过自己的声音,我要在他身上探索情绪的一切可能。

他的训练师同样向他提供视觉标志,表征性的小物品,当他能够在物品与图像之间建立关联时,向他提供图画。

经过一段忧虑、重听加重的时间,他开始"接受我"。我相信,正是这第一个"音乐容器",足以支持他克服空虚与黑洞造成的难以忍受的焦虑。后来他向我说起过这个黑洞。可能正是这点使他能够逐渐自主,看向进而拿起那些自己感兴趣的物品。

我为他制造的这种声音环境使他能够开始将听觉、视觉与触觉这些感官混杂在一起。随后我们看到图像对他的重要性,但我认为没有我给他的声音容器,图像也不可能对他如此重要。

他能够自己拿起毡笔在纸上涂抹前,我画了许多画。这段画画的时间我总是在用言语强调。

我们同样可以看到,随着治疗的发展,节奏定位变得越来越重要。会面的日子、会面的时间、分别的时间。这种节奏与我们之间关系的移情与反移情的出现相关,使他能够建立用来掌握地点变化、我办公室的缺失与轮换的手段。

最初几个月的治疗主要集中于调适。我需要学着去理解并顾及一些正面和负面反应,他将自己封闭在令人难以置信的保护层中,这些反应会穿过这种保护层短暂出现。有很长的时间,我无法碰触他,若我的目光太过坚持,他便无法承受。他会蜷缩起来,将自己的目光聚焦在天花板的一点上,或者像只牡蛎一样将自己紧紧合拢。

他需要认识我，必须接受这种我为其提供的"音乐语法"，也必须接受我对他作出的规定：
- 在我说过"你好"后，才能冲向自己的桌子，在这段时间我渐渐可以拉着他的手；
- 学会脱掉自己的外套并同意我关上办公室的门；
- 在结束会面后离开，然后，当他加入白班医院时，能够停止活动来看我。

他还需要整合一些我为他所设的限制。交流会使他爆发，将所有东西扔在地上。当他陷入刻板症之中，我通过模仿或做游戏结束这种刻板时，他同样需要学习对我的请求做出积极的反应。

在最初的调适阶段之后，他开始认识里面与外面、自身内部与外部、地点和物品。这些都是一段漫长体验的结果，如果我们之间没有开始建立关联，没有感官之间的错杂，一切都不可能得到建立。

然后，他将对自己封闭世界的感受转化为行动（没有言语）。在这个阶段，他的焦虑会通过一切控制焦虑的行为表现出来，他的方式是堵住身体的所有开口、消除所有不理解周围环境的根源。因此，尖叫、呻吟、堵住眼睛或耳朵、试图离开房间都是他的反应方式。

一旦平息了他对空虚、失去、分离的焦虑（但我们会发现当他建立的标志发生改变时，这些焦虑常常会再次出现），他开始对自己的身体及身体产生感兴趣，只有跨越这个阶段，他才能表现出对独立自主的渴望，才会出现具体思维，然后才会产生连续使用词语和动词的脆弱能力，尽管调适还会持续很长时间的混乱状态。

这项心理治疗工作并不总是线性前进的。倒退状态常常会插入这些发展阶段之中,但我并不为此担忧。弗朗索瓦父母的支持与理解,医院的教育工作,我们的共同观察与研究,使我们能够坚持帮助他,尽管他经常使我们的坚持受到考验。

  在结束这段简短的介绍前,我要重申,现在弗朗索瓦是一个患有高功能自闭症的成年人。他的智慧,尽管偏重实用主义,却使他能够顺利的成长。但我们会在第六章看到,他在概括、抽象思维、与他人接触的某些方面仍有困难。

第五章
第一步

初 次 接 触

当我到达候诊室时,我看到一个体型壮硕的男人,蜷缩着坐在椅子上。他看上去既笨拙又可怜。他整洁的衣着与不堪重负的表情和身体形成了鲜明的对比。一个胖乎乎的金发男孩紧贴在他双腿间,小男孩两岁半,目光游离。他的目光似乎在候诊室中游荡,却什么都没看。然而,他态度中某些难以表达的东西使我感到,他很焦虑、紧张,并保持警惕。当我对他打招呼时,弗朗索瓦仿佛陷在自己父亲的身体里,然后当我请他们跟我来时,他的父亲站起来,他眼神依旧空洞地抬起双手,他的父亲将他抱在臂弯中。

这位高大的父亲与眼神空洞的孩子给人一种悲惨孤独的印象。他们紧贴着彼此,却无法产生任何交流。没有言语,没有视线,也没有任何沟通的符号,并且父亲似乎无法察觉到自己儿子的忧虑。也许是他自己的忧虑太具有侵略性。进入我办公室后,他说的第一句话就是"他不说话",然后他无限悲痛地补充道"他什么都不懂"。这次见面之后,我坚信,需要做大量的工作,才能使这位父亲接受自己的儿子不是"低能",他的沟通能力不全来自某种心理缺陷,我们能够帮助他。

几天后我见到了弗朗索瓦的母亲,她表现得很消沉。她像自己的丈夫一样绝望,而且,她对自己儿子的情况有一种负罪感。她说:"这是我的错,我在他十八个月大的时候抛弃了他,我将他送去了托儿所,然后又有了一个孩子,而他无法忍受这些。"弗朗索瓦是家中三个孩子里的第二个。在治疗的过程中,他的妈妈又生了一个小女儿。

他的父母与我之间逐渐建立起来的信任给了我极大帮助,并对弗朗索瓦的成长做出了很大贡献。在对孩子的理解中,他们建立了一条耐心与鼓励之路,渐渐意识到弗朗索瓦的封闭并不是一种智力缺陷。因此,在这个家庭中建立了一种新型交流方式,使得弗朗索瓦可以更好地融入其中。

初次会面

但我还是要回到我们的初次会面中。在一种沉重的沉默中,我带着这对父子走在通往办公室的走廊里。我准备了一个纸盒子,放在小儿童桌上,我在盒子上标明了弗朗索瓦的名字,并将很多种坚硬或柔软的物品装在盒子中。自闭儿童对触觉与不同的硬度特别敏感。我们常常看到这些孩子紧紧握着一个用木头、金属或塑料制成的坚硬物品,就像紧紧抓着一个救生圈。他们不会拿起柔软的物品(织物或长毛玩具),而是去抚摸、吮吸、舔;他们会从中得到安慰与满足(Tustin, *Objects et formes autistiques*)。这些孩子对于确认身体的存在有一种持续的需求,他们逃避身体上的

第五章 第 一 步

限制。因此，他们会在坚硬的隔板上摩擦，他们会将物品放在口中，因为这些物品会使他们获得一种自我满足感与存在感。他们也会以此控制被刻板活动抑制的巨大焦虑，常常是这些刻板活动组织了循环形式，以使得他们获得集中的感觉。这使我想起那些夜晚的照片，在这些照片中，我们看不到汽车，只能看到车头的灯光，这些灯似乎连接了路程的开始与结尾，会留下使人特别安心的痕迹。

在弗朗索瓦的盒子中，有很多毛毡制成的人物（一个先生、一个女士、一个男孩和一个女孩），一个木偶娃娃，一辆小汽车，几只动物，一个塑料奶瓶和一只长毛猴子。我还在小桌子上布置了一个小房子和几个人物，两个装满毡笔和纸的罐子。

恐 惧

在第一周里，将父子分开是不可能的事。他们到达时，彼此紧紧靠在一起，在整个会面过程中，父亲几乎保持绝对沉默。最初表现出的，是弗朗索瓦的意志或能力不全的反应。任何声音，甚至是很大的声音都不会使他眨一下眼，他的目光永远不会与我的目光交汇。而他对于装着毡笔的罐子似乎既害怕又被其吸引。短暂地出现受惊的眼神，随后又变得空洞。在几次会面之后，我看到他的右手向前微伸马上又缩了回去。但他对于这种黑洞空间（罐子是不透明的）的恐惧远远超过了拿起毡笔的渴望。我拿起一支蓝色毡笔，放在他手边。

于是他的父亲将两个罐子之间的距离拉近（他在会面过程中第一次说话），这两个罐子令他如此害怕，就像他无法进入一个电梯或一家昏暗拥挤的小食品店一样。"如果我们试图硬拉他进去，他会拼命叫喊。"他最终说道。弗朗索瓦迅速抓起毡笔，但这种接触使他害怕，他又松开了毡笔。然而他又一次拿起，令我十分震惊的是，他试图去打开它。他没能成功，我伸出手帮助他。于是他紧紧抓着毡笔，惊恐地看着我的手。很长时间之内，他都无法接受最小程度的身体接近，如果我不小心碰到他，他会焦躁不安地去擦，并且默默流泪。

他的盒子是另一种恐怖的吸引力。他贪婪地盯着盒子却不能打开它。最终还是我帮他打开了。于是他向前伸头，当看到盒子里的东西时，又惊恐地退回去。然而，几次会面后，他控制住了自己的恐惧，紧张地看清了里面的所有东西。但将东西从里面拿出来，不可能！又一次，我帮助他拿出了一些玩具。他开始显示出一个动作，做了一个痛苦的鬼脸，然后目光又空洞地在房间中游走。

治疗的开端

在第一阶段的整个过程中，我只是评论所发生的事，并表现出自己的情绪。我用语言表达这些情绪，同时也用强烈的面部表情与身体动作来表达。因此他有时会看我一眼，但当与我视线相交时，他会马上转移视线。通过这种短暂的视线交汇，我感到他逃避我的视线，是为了保护自己不被这些视线侵入脑中。大概20次会面之后，他拿起一支蓝色毡笔，拉起自己父亲的手，打开父亲的手在上面画了几个点。于是我伸出自己的手，犹豫了一会儿之后，他也在我的手上做了同样的事。我轻轻握拳，对他说他刚刚送了我一些东西，我会"牢牢地"保管好！于是，我第一次看到，他的脸上露出了一丝微笑。

建立环境

建立了初步接触，在几次相继的会面中，游戏也得到了更新，我决定与弗朗索瓦单独见面。因此我提前通知他的父亲，要求他在下次会面时，在候诊室中将孩子放在地上。我拉起他的小手（我因为忧虑而心跳加快）带他走。他脸上有一种要哭的表情，但他既没有呻吟也没有流泪。这种沉默的悲痛是很难忍受的。然而，一旦关上我办公室的门，这种表情就消失了，他抬起双手（就像对自己爸爸所做的那样），让我将他抱到他的小椅子上。于是只有回头看到门时，这种表情才会再次出现。我对他说，不是因为我们的头脑中装满爸爸的样子，我们就没有玩耍的权利了。他看着我，微笑，拿起一支毡笔在纸上涂抹。

在这一阶段，我每周见两次弗朗索瓦。他的父母几乎还没有被治疗的作用说服，觉得很难更频繁地带他来。但另一方面，弗朗索瓦的情况完全可以接受全日制的治疗与教育，在会诊医生的帮助下，我们使他进入了日间医院。于是我可以每周见他三次。在此期间，我的办公室已经得到足够的投入，可以让弗朗索瓦果断地进入其中。然后，当他母亲来接他时，他松开我的手，躲在走廊尽头，露出脑袋。他妈妈激动地对我说："这是我第一次看到他玩儿！"但当她牵起他的手带他离开时，弗朗索瓦又变得面无表情，目光空洞。

在这种捉迷藏游戏的同时，他还建立起另一种确认存在—缺席的方法。他慢慢打开又慢慢合上毡笔，专注地看着笔尖出现又消失。他的表情伴随着这个动作：当笔尖出现时目光活泼，盖上笔帽时表情捉摸不透。于是我感到，他在试着控制自己的视线，对眼睛被侵入的强烈恐惧已经开始慢慢减退。

不久之后，我看到了最初的象征性表征的出现。他拿起铅笔，一边笔尖朝上挥舞，一边低声说着（这是他第一次开口）"爸爸"，然后将铅笔放在橡皮旁边，说着"妈妈"。他用这支铅笔给自己连结了一个爸爸和一个妈妈，二者既彼此靠近又相互对立。随后的几次会面中，他拿起一个"铅笔爸爸"和一个"奶瓶妈妈"，相继在空中挥舞后，又使它们相互碰触。然后又轮到两张纸，他将它们粘在一起，然后又一边发出吮吸声一边将两张纸分开。我对他说，这就像一个小宝宝紧靠母亲的怀抱，然后离开母亲的怀抱。他说着"妈妈"，继续将纸粘在一起再分开，当一张纸掉在地上时，他发出惊恐的尖叫，将另一张纸揉皱，扔在地上，就像自己被一个恶毒的、损坏的怀抱抛弃。

图　像

正是在这一阶段（治疗开始后八个月左右），他开始要求我画画。我很困惑，不知道他想看什么。我试探着问他："你想要一个爸爸、妈妈、弗朗索瓦，还是艾米女士？"这让他很生气，他哭了，还是一如既往没有眼泪。于是我反复探索，他用一种强烈的眼神看着我画画，但眼神中没表现出任何东西，我给自己提出了很多问题。然而，有一天，当我画了一个婴儿时，他拿起我手中的红色圆珠笔，在婴儿周围画了一个圈。我对他说，现在小宝宝被装在了一个很好的肚子里。于是他又笑着画了第二个圈。这次对于装满的羊膜的表征，使他能够自己完成第一幅画"便便"。他开始能够想

第五章 第一步

起出自自己的东西，而不害怕这种完全被倒空的感觉。他跟着我兴高采烈地重复"便便"这个词，接下来我会重现这个场景。

一开始，坐下后，他递给我铅笔，我画了一个人。他看着我画，好像十分忧虑。他再次拿起我的笔，在纸上做出标记，用力屏气，最后一下几乎全身颤抖。然后将笔递还给我，我问他："你想让我画上便便吗？"于是我听到他说（这是第一次）："是，是！"我画了一些从小人儿身上掉下来的大便。他把我的手推到纸上，说："便便！"我画了一个圆形，他非常高兴，拿起颜色不同的毡笔，在纸上画满其他圆圈，同时重复着"便便"。然后闭上嘴，他学着我所模仿的汩汩声，这让他笑了起来。于是他拿起蓝色的毡笔帽，看着开口，微笑着说："妈妈"……一个充满婴儿和便便的妈妈？

夏季临近，弗朗索瓦很快就要随家人回去度假。我对他说起即将到来的分离，但他没作任何反应。然而，最后一次会面时，他又拿起笔，画了一些彼此交叉的线，然后在纸上扎出洞，他开口说道："这儿，这儿，这儿。"我回答说："是的，弗朗索瓦，我们一起在**这儿**有一段时间了，假期之后我们还会在**这儿**见面。"会面结束时，他藏在我的办公桌下，我听到他说"等等，等等"。他现在可以开口表达了。他通过自己制造黑洞（在纸上打孔）来控制它们（见图 5.1），通过藏在我办公桌下控制分离与消失。在这次会面中，他大致上向我说明了，我们可以分开，他毫不恐惧承受这种分离，我和他的形象不会消失在无底的黑洞之中。

当我们 9 月份再次见面时，他直接坐在桌前，递给我红笔，说："便便。"我非常惊讶，在分开两个月之后，他仍然记得前几次会面的内容。在接下来的会面中，图画仍然是首选；他不仅可以要求自己想要的"爸爸"、"宝宝"，我们还可以合作。开始他看着我画，然后他拿起毡笔遮盖图画,就像将图画放在内部,保护它,使它不会消失。他还没有掌握立体的概念,但某种包裹的表征在此出现。后来,他一定要拿起蓝色毡笔(他就是用这支笔在我手上画点),画一个完全封闭的圈,在圈中间画一个小圆,涂满蓝色,看起来非常满足,然后紧张地看着我。我对他说,就像弗朗索瓦被装在一个"好妈妈的肚子"里。他放松下来,微笑着说"宝宝"。

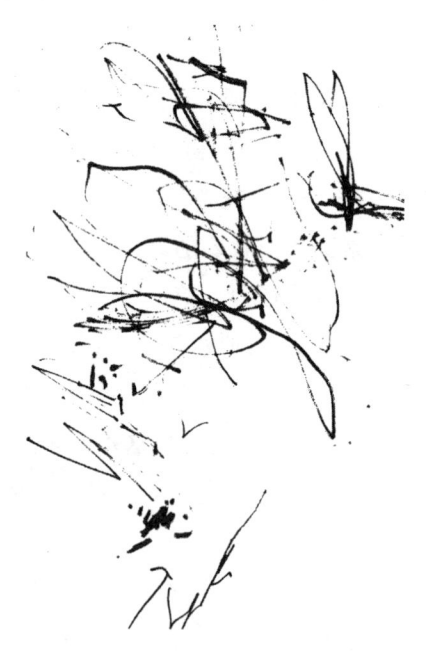

图 5.1 最初的关联与黑洞

关联物品

在这一时期,他每次来看我都要带一些日间医院的东西:院子里的一片树叶、生活场所的一张纸巾。因此,一切都变得很复杂。

他进入一个阶段,在这一阶段中,他与现实的新关系使他焦虑。他无法松开树叶或纸巾——这些在日间医院与我的办公室间制造联系的物品。因此,他只能使用一只手,离开训练师的手来牵我的手使他非常忧虑。他想玩,却被这只唯一的手妨碍,需要很多次会面他才能最终松开自己拿着的东西。这种拿起—放下的现象非常令人吃惊。他苦恼地看着自己的手和被松开的物品,表现出焦虑的表情,当离开我办公室时,如果没有立刻找到树叶或纸巾,他会大喊大叫。然而,渐渐地,这个仪式失去了重要性,一天,在会面结束时,他没找到自己的手帕,他看了我很久,走向门口,自己打开门走了出去,而不是拉着我的手。他跑向在走廊尽头等他的训练师,跳入她的怀抱中,然后转身,第一次对我做了再见的手势。

接受治疗 11 个月后,弗朗索瓦有时会放弃图画,兴趣转移到有篷小货车、摩托车和盒子里的其他人物身上。一次会面的过程中,他拼命想把这些人物塞进货车后面,但是它们太大了。于是他想让它们骑摩托车,并且请求我的帮助,因为要让爸爸、妈妈和两个孩子都骑在小摩托车上是很难的!我对他说,可以想想我们能在外面做的事,这很重要;我还说摩托车上的小男孩就像一个想要长大的弗朗索瓦,但是现在不紧紧贴着父母他还不能长大。于是他将摩托车向前推,让所有人物紧贴在一起,说"隆隆……隆隆……"。这次之后,他第一次有了分离的企图:他一会儿将儿子和爸爸放在摩托车上,一会儿是爸爸和妈妈,一会儿是儿子和女儿;最后,他扔掉了女人,只在车上放了爸爸和儿子。他又一次向前推着摩托车,同时用一种光荣的声调发着"隆隆……"声。这个游戏使他兴奋也使他忧虑,他停下摩托车,翻转自己椅子,在椅子腿上跨越,然后站起身向上,再下来,拿起椅子,把椅子放在桌上,让椅子做往返运动,呻吟,整个人蜷缩在椅子腿间,同样又紧靠向我和我的椅子,最后才不再紧贴向其他东西。因此我感觉到,这种父子关系使他过于强烈地想到同我(母亲形象)分离,由于害怕失去我,他无论如何都要"再紧贴"在我身上。

随后,我们的游戏中出现了水。开始,他只是将水倒来倒去。然后他将玩具房子中的鱼缸填满,给娃娃脱掉衣服后,将它们放在浴缸中。同时他也与我开始了水中活动,我告诉他可以变得干净,最终同意进入浴缸,参加了日间医院的水中活动,并从中得到极大乐趣。

他有时要求我画得更有趣,因为现在画中包含三个人。他举着娃娃或说着"爸爸,妈妈,宝宝"向我提出要求;然后他还加入了其他孩子。但有天我画了一个在妈妈肚子里的婴儿,他拿起一支粉色毡笔,遮盖住肚子,直到婴儿彻底消失。接下来的一段时间,他会用毡笔遮盖我所有的图画,使这些图画消失,成为大大的斑点。

他总是以同样的方式画画。他会画出头发的空间,然后给脸、脖子、肚子和四肢涂上颜色。最后,他将颜色涂得到处都是。我不明白发生了什么,感到很沮丧。他是不是回到了先前的阶段,就这样使会面变得无效?或者与之相反,他正在填满人物,开始触及深度的维度?但是,无论是悲观还是乐观的假设,这些消失的图画都让我很不自在。他越是涂满颜色,我就越是空虚,越觉得无法忍受他的所作所为。正是在这种情况下,一次会面带来了转机,帮助我克服了自己的失望。

第五章 第 一 步

关联与分离

弗朗索瓦会面时拿着一只小狗毛绒玩具。他要求我画画,我画了一个拿着小狗的小男孩。他看着,拿起一支黑色毡笔遮盖住一切。我对他说,我很难过,因为这个小男孩消失了,就像进入了一个黑洞之中(我回想起他从前对毡笔罐子的恐惧),然后我不再看他。我同样想到了自己的沮丧状态,我补充道:"我是不是像一个坏妈妈,不看自己的小男孩,也对他不感兴趣?"于是他拿起一支黄色的毡笔,让我再画一幅画。我画了一个苍白又难过的艾米女士。他又拿起黑色毡笔,在我的头和黑点之间画了一条线,我们就这样彼此相连了(见图 5.2)。

图 5.2 关联的真正开始

然后他拿起蓝色毡笔涂满艾米女士的头。这时我敲着自己的眼镜,他看着我,我对他说:"但是我,我看到你了,这是你!"他微笑。我说:"看!"然后给他戴上我的眼镜,就像在他的眼睛和我的眼睛之间制造了关联。他开始大笑(这是第一次),我慢慢带他走到镜子前。他害怕,但最后还是看着镜中的自己,又笑了。于是他又建立了一个新游戏,我们轮流戴上眼镜。我只说"到你了""到我了"。他不会翻转眼镜让我戴上,眼镜就这样反着放在我的鼻子上。在这个游戏的最后,他又戴上眼镜,张大嘴,开始说一些含糊不清的话。他走到墙旁边,敲墙,然后敲地面。大小不合适的眼镜掉在了地上,他又笑了。他将眼镜折叠,放在小房子的厨房里。于是他拿起小椅子,跨放在小房子的窗子上。这样这些小椅子一半在外面一半在里面。然后,他拿起妈妈娃娃,把它放在小楼梯的上面。能够看到,身体的上半部分在楼层上,下半部分藏在楼梯里。然后,他又拿起这个娃娃,在浴缸里装满水,试着把娃娃放进去。但是这个娃娃太大了,他放弃了这样做,又把娃娃放进了房子里。他让娃娃坐着,在它旁边放上自己的毛绒小狗。

理解空间

我们两个人的视线交汇建立的内—外空间,还有妈妈一半出现一半消失的场景,都非常重要。在我看来,这些象征着弗朗索瓦的一部分问题,也就是他应该也感觉到总是被分成两部分,存在一个内部和一个外部,但这两部分却还没有彼此连接。眼镜游戏给我们以希望,这种关联会在某天构成。

接下来的几天,楼梯游戏还在重复,但他又加入了爸爸和两个孩子。他开始去确认隐藏部分的存在,就像很小的孩子,最终发现那些藏起来的人没有消失,他能够找到。他通过物品的内部形象补偿缺失,同样可以通过思维重建全部人物。

利用物品的永久性,弗朗索瓦开始试着掌握深度的概念。他脱掉娃娃的衣服,把它们的衣服放进小房子的壁橱中。他打开我办公室的抽屉、放玩具的壁橱,拿出里面的物品,再放进去,关上,再打开,将手臂伸进去,当他拿回自己放进去的衣服或玩具时,会开心地大叫。我用语言向他表达这种快乐,他的这种快乐来自找到消失在眼前的东西,也来自他能将这些东西安全地放入一个好容器、好抽屉或好壁橱中。因此他找出奶瓶,试着通过奶嘴装满奶瓶。他似乎很高兴没能成功,他拿掉奶嘴,装满奶瓶,再装上奶嘴,翻转,没看到水流出来,他拧下奶嘴,水大量流到地上,他发出一声惊呼。他又重新进行了一遍,没再拿掉奶嘴,这次他笨拙地将奶瓶拿到嘴边,似乎在重寻自己的吮吸机制。他紧张地看着我,不靠近我。当他喝完时,他拿掉奶嘴,在洗手池中充满又倒空奶瓶。他不能忍受空奶瓶,又马上将它充满。他又开始喝,但当奶瓶出现空着的地方时,他又打开充满。

几次会面后,他拿起自己的奶瓶和妈妈娃娃,使它们彼此摩擦。他笑了。会面的最后,我告诉他,我们要彼此分开了。于是他拿掉奶嘴,愤怒地将妈妈浸湿,然后将奶瓶和娃娃远远地扔出去。我对分离的宣布,近乎可以说是切断了奶瓶使他获得的情绪支撑。我突然对他说,这个奶瓶——我变坏了,因为它没能阻止我们的分离。他看都不看就离开了我的办公室。

内—外

第二天,他没有走向我的办公室,而是去了厕所,让我帮他脱掉衣服。帮他脱掉衣服后我待在了门外,一会儿,他发出一声尖叫,我进门,看到他在试图给厕所冲水,我帮他冲了水,他认真地看着水冲走他的小便,用手做了一个再见的动作。他走向我的办公室,敲门后进入,然后又在里面敲门。我告诉他,刚才我们在外面,现在我们在里面。他兴高采烈地拿起男孩娃娃,第一次让它独自坐在摩托车上,一边让他在地上行驶,一边光荣地发出"隆隆"声。

我们看到内和外、高和低、上和下,以及满和空都已经出现。但这些还没有真正得到建立,还需要几个月的时间,已经初具雏形的空间分辨能力才能真正得到建立。同时,我们看到,为了安心,他的奶瓶必须是满满的。渐渐地,他可以从奶瓶和我的垃圾桶上体验到"一点";直到十八个月之后,他向我要胶带时,我才听到他说"只要一点点"。

缺席与回归

十五天的圣诞假期后,我再次见到了弗朗索瓦。他像一个小老头一样弯着腰走进我的办公室,然后站直,对我说了一段完全无法理解的真正的话。然而听到他说话,我感觉到一种极大的喜悦,并向他表达了这种喜悦。他紧张地看着我,拿起小男孩和妈妈娃娃,将它们放在小房子餐厅里的桌子前,假装让孩子和妈妈吃饭。我对他说,我很高兴,在一段漫长的分离后,再见到我时他想要与我分享好吃的东西。于是他拿起小男孩,把它放在奶瓶里,想要我们轮流吮吸,我将其理解为,这是对我刚才关于分离的话的一种回应。也就是,他可以忍受我的缺席,但同时,他还是需要一个好的奶瓶—肚子—艾米女士来使自己安心,不必害怕自己被抛弃。这种行为在接下来的会面中得以继续。他将娃娃交给我,放在我的膝盖上,放在我的胸口上,甚至想要把它们放在我的口袋中。这种对于母亲保护的需求很快扩展到整个家庭中。爸爸、妈妈和孩子被弯曲成胎儿的姿势,或者被放在我的椅子下,或者被放在我的眼镜里面,以便它们可以贴在我的眼镜上。这种对亲密无间的关系的需求再次使我十分忧虑,如果在同一次会面中,他没有表现出相反的真正独立性活动,我会认为这是治疗过程中的倒退。他将小男孩独自放在摩托车、直升飞机或汽车上,跑遍整个办公室,同时发出发动机的声音,做出再见的手势,含糊不清地说着"再见"。他还很难发出"R"这个辅音。

随后,亲密无间的时间有了不同的基调。不再使用娃娃,而是用自己的身体去贴近我。他经常碰触自己的阴茎,扭动身体,给娃娃听诊同时说着"小鸡鸡",试图掀起我的裙子,生殖器对着我。当我画爸爸或弗朗索瓦时,他要求我画上"小鸡鸡",将盥洗室的小鸡鸡——水龙头彻底打开。有时,他是如此激动,以至于当他开始喊"尿尿"时,我几乎没时间将他带去厕所。这一治疗阶段十分艰难,因为,尽管我用语言表达出他的兴奋、对身体的意识、他对存在于自我之内的渴望以及由此引起的强烈恐惧,尽管努力阻止他向我表现出带有色情性质的动作,什么都无法缓和他的渴望和他的忧虑。我在这里使用渴望一词而不是欲望,是因为我觉得他的行为与我们所说的成年人的性欲完全不同,也不同于一个小男孩想同自己爸爸一样让妈妈生小孩的欲望。弗朗索瓦带有色情性质的活动中,有着对自我完整性安心的需要,有在我身上感觉自己整个身体的渴望。阴茎对他如此重要,必须作为一种关联被我们两个人感受到,通过这一关联,我们彼此连结。

前象征体系的建立

然而,这点将会以一种令人吃惊的方式发展和传播。的确,有一天,他在篮子底部找到木偶,然后将木偶拿给我。他使我明白,我应该帮他在每只手上分别放一个木偶,从中选择一个长胡子的男人和一个漂亮的年轻女人。我惊讶地看到,他不仅能够操纵它们,还能上演一段真正的争吵,他用木偶彼此敲打,含糊不清地用两种声音展开一段对话(妈妈的尖细嗓音和爸爸的低沉嗓音)。我感叹道:"这是一段争吵啊!"他开始大笑,重复"吵",然后重新开始自己的游戏。这让他很兴奋,他放下木偶,走向长沙发,躺在上面呻吟,大声呼吸,这显然是真实场景!然后,他起身拿起刚才的男人木偶和代表小男孩的木偶,走向我,让他们拥抱我的头。然后,他把男人和女人放在沙发上。这次是对原始场景(对性关系的想象)的强烈表现,而不是之前刺激性的渴望活动。这样的行为以不同的形式被重复了很多次。例如,他拿起爸爸娃娃和妈妈娃娃,将它们放在直升机上,他拿着它们伸直手臂,然后让他们彼此碰触彼此敲打。其他的象征情况,他让我躺在长沙发上,试着躺在我身上,我当然拒绝了他这样做,并对他说,小男孩不能做爸爸妈妈做的事。通常这会使他平静下来,他常常会将这些小人儿放在我的眼镜里面,就好像请我保护它们不受使人忧虑的兴奋侵扰。

这一艰难的治疗阶段结束于一次会面,在这次会面的过程中,他先爬上我的膝盖,然后爬到肩膀。我感叹道:"你好高啊!"他重新坐下,像是在冥想,把爸爸娃娃和妈妈娃娃放在我反面朝上放在桌子上的眼镜里。因此我感到,他为了建立一种父母般的保护者的形象。他拉起我的手，让我躺在沙发上，在我的脑袋下面垫上垫子，然后关上灯。他又拿起我的眼镜，把镜腿合拢在爸爸娃娃和妈妈娃娃身上，放在沙发旁边。于是，我明白了，我是以胎儿的姿势在睡觉。他又一次拿起我的眼镜，将它放在桌子下面。然后，他脱下我的鞋，放在一个长凳的踏板上，鞋尖朝前，鞋跟藏在后面。然后回来坐在我的头上。于是我感到他又一次兴奋了，我推开他，对他说，我明白他想好好待在我的头脑中，但是他不能用生殖器进入其中，这是不可能做到的。我很困扰，在整个过程中，这种胎儿的姿势给我一种奇怪的感觉，让我觉得既是他又是我：母亲和孩子。说过这些话后，我看见他又起身，找到所有婴儿娃娃，将它们放在我的胳膊上。然后他再次坐在我的头上，又立刻站起来。他拿起一个垫子盖在我的脸上，像是在努力保护我们不受其侵犯性冲动的伤害。我向他解释了这些，于是他笑着用手指堵住了我的鼻子。然后他让我将男人木偶和女人木偶放在我自己手里，我让他们进行了一段对话，假装女人在讲一个秘密。他一直笑，让我将木偶放在他手里，轮到他让他们含糊不清地对话。最后，他将男人木偶放在一个娃娃的手中，向我投来胜利的目光。于是我对他说，其实将手中爸爸的形象放在头脑中很重要，这会帮助我们长大。他对我说"是"，然后毫无异议地走出我的办公室。

这次会面很重要，因为接替侵入母亲的一系列想象，能够使父亲重新处于男性的、父亲的位置上。父亲拥有母亲，使孩子长大。但正如会面过程所显示的那样，这些仍然是波动的，我们距离稳定的三角关系（父亲、母亲、孩子）仍然很遥远。

脆弱的关联或"怎样避免分离?"

弗朗索瓦的治疗已经开始十八个月了。他比之前专心很多,能够充分使用教室和材料。他的活动目的主要在于与我建立关联,保护我们的关系不会被毁坏也不会消失。出于这个目的,他尤其会使用胶带和橡皮泥。他会堵住所有开口,无论是人类或是其他,眼睛、嘴、鼻子,还有锁眼、门缝和小房子的窗子。娃娃也不能幸免,它们被橡皮泥覆盖或胶带从头到脚裹住(见图 5.3)。

图 5.3　当一切都被堵住,怎么交流?

这是一个简单的过程。尽管理解他对于保护我们内部的一切,尤其是我们关系良好形象的需求,但看到我们被剥夺了话语、视觉,还有当他用胶带粘住我们的鼻子阻止我们呼吸时,我还是感到很痛苦。于是,我模仿无法说话、无法看见和无法呼吸的痛苦。

当会面结束时,我一边除去胶带和橡皮泥,一边对他说,与他断绝关联让我觉得多么孤独,就像一个不幸的孩子无法与人交流,感到悲伤欲绝。我感到迷失在一种矛盾中,他在每次会面中都做出同样的行为,在这些行为中,他既保护又毁灭我们的关系。我们在一起,但完全彼此隔绝。在这一时期,需要很长时间他才能不再试图堵住我的耳朵,如果我们回忆起治疗之初他所表现出的重度重听状态,会发现这很重要。这至少是一种他能恢复并保护的关联。

当这些行为严重困扰我时,我又一次听到了他母亲的话:"他十八个月大时,我抛弃了他,我把他送进了托儿所,然后我又怀孕了……"我十分确定地感到,弗朗索瓦(在十八个月大之前)由于结构性原因,没能建立任何人际关系,十分反常地、也无法承受任何分离。对于那个脆弱的小婴儿,母亲的缺席就像是一个绝对的真空,一个**黑洞**,在这个黑洞中,他失去了一切标志。当小房子的全部家庭成员堆积粘在一起时,这点得到了很明确的体现(见图 5.4)。

他和我的皮肤——这层脆弱的外壳——同样需要保护。他放下我卷起的袖子,他检验我的丝袜是否牢固,确保自己的袖子要一直盖到手。他还拿起我的戒指,将它戴在自己的手上,然后重新给我戴上,以此模仿一种牢固的共同关联。同样是在这个时期,他将我画的人物头部连接起来,这样表明我们之间的关系对他的重要性。我试图向他解释这些长期的无效"堵塞"在

图 5.4 成为一体

我身上所引起的焦虑。一天，他拿起一个小鱼缸，将水装在里面，拿到他的桌子上，把小婴儿放在水中，用奶嘴将头部固定在水下，用另一个奶嘴固定身体的其他部分。于是我对他说，这个宝宝不能呼吸了，像奶嘴这样的好东西也可能变坏，使人窒息。他专注地看着我，扔掉奶嘴，把婴儿的头从水中拿出来，将它坚固地粘在浴缸上。我第一次感到，他已经感觉到一件物品，或者与一个人或物品之间关系的能力。也许，奶嘴能够引起对婴儿早期感觉的联想，根据不同的时期，婴儿生活在或好或坏的乳房或奶瓶中。在接下来的会面中，他开始在镜子前模仿被封闭的婴儿的焦虑。

他要求我用胶带封住他脸上所有开口（见图 5.5），他呻吟、跺脚、哭泣、敲打家具，这样表现出他作为孤独的婴儿的痛苦。但当我宣布会面结束时，他拿掉所有胶带，看着我，张大嘴，满足地发出一声"啊！"，开心地开始含糊不清地说话。于是会面对我来说，又变得能够承受。我开始觉得这些"胶带"时间变得有趣，一天，我又对他说起会引起窒息和麻痹的胶带，他拿起奶瓶，装满，围着我的椅子洒在房间里，然后开始大笑！

图 5.5 被封闭的婴儿

身 体 形 象

随着这些感知的成熟，他对身体的定位开始建立。尽管他还不能叫出身体各个部位，但他能够应我的要求，在图画中指出各个部位。我的人物需要穿衣服，因此，他向我展示他自己的衣服，我一边仔细地在图画中涂上同样的颜色，一边说出这些颜色的名字。有时，他会围着这些话，尤其是在画母亲和孩子，还有一个粗粗的大圈时（见图 5.6）。

然后，轮到他，他能够开始画出我们的关系（见图 5.7）。

图 5.6　保护母亲和孩子

图 5.7　弗朗索瓦与妈咪关系的第一幅画

大约在这一阶段，他与日间医院的训练师和几个孩子一起进行了为期一周的心理治疗。我为他做好了分离的准备，但也许这种准备不够充分，因为在最后一次会面中，他拿起那些大娃娃，将娃娃头浸在盥洗盆中，然后把娃娃狠狠扔在地上，接着开始呻吟，躲在我的办公桌下面。我对他说，他可能担心我忘了他，在他不在期间去照顾其他宝宝。他走向我，充满敌意地看了我一眼，独自离开了我的办公室。

他回来时，又拿起同样的娃娃，将头浸在水中，但他没有生气，拿起毛巾，让我将娃娃擦干。我对他说，我没忘记他，他可以把宝宝托付给我。于是他拿起小电话，放在耳边说"喂"。我拿起另一个电话，回答说，其实，当我们分开时，我们可以通过电话交流。现在他知道了，如果愿意时，可以给我打电话。

在此期间，水又恢复了重要性。他打开水龙头，让水四处飞溅，将头浸在水中，大口喝水，然后又吐出来，在垃圾桶中装满水，将那些人物或小房子中的家具浸在里面。在这些与水相关的行为中，表现出很多东西。首先，我不得不经常对他说"不"，他会反抗我，这在之前是从未发生过的。此外，他现在能够（当他愿意时）控制流量的水龙头，对他来说就像是自己生殖器神奇而有力的延长部分。他非常兴奋，终于能够经常说"尿尿"或"小鸡鸡"。水同样很神奇，水帮助他成长。他在水中使头发紧贴头皮，在镜子中看自己，将头发拉向后面（这时他头发比较长，留着刘海），当我说："你看起来像个大孩子！"他看着我，微笑，重新开始做刚才做过的事。然后，当他的头发足够长，可以梳向后面时，他让我帮他固定住。他还是表现出对婴儿的敌意。他用海绵堵住盥洗盆底，让水上涨，将那些娃娃浸在里面。然后将它们迅速拿出来，现在我们可以确定，这些攻击性行为与焦虑和负罪感相关。这些与水相关的游戏、我办公室由此造成的状态使我恼火，我感觉被淹没在他和我自己的攻击性中。我既渴望一个"干燥"的环境，抑制他的同时又担心没有让他足够表达出对我的反抗。因为每次出现新的行为，对回应的选择都不是简单的事。

新发展！他现在能说话评论我的图画。他可以说出眼睛、嘴、鼻子、脖子、手、脚和小鸡鸡（当我忘记时，他会要求我画上）。其他词语也出现了。一天，他声音响亮地与带他来的训练师告别："一会儿见！"他跟着我重复大量话。但这些话语还处于被歪曲的状态，他还是无法发出难发的辅音。但还没到重复练习这些的时候，训练师、父母和我自己，我们都很高兴地满足于这种言语的产生。这种言语的产生伴随着逐渐增加的交流，而且在各种场景中可以被从容使用。

随着其控制能力表现出来，他的恐惧逐渐减轻，他的游戏越来越具有冒险性。他爬到家具上，笑着跳下来，爬上窗前的暖气片上，长时间看向外面，打开办公室的门，出去散步。有时他拿出粘在一起的塑像，一直跑到候诊室，在那里引起一片惊愕……他还打开我的壁橱，拿出里面东西，在地上摊开。有时他什么也不做，但其他时候，他用积木搭建高塔和房子；用玩具餐具、塑料蔬菜和水果做饭。他经常重复"达"（大）这个词，在会面的过程中，要求我画一个有性别的婴儿，然后画爸爸。之后，他用自己的阴茎在我身上摩擦。我对他说，他想成为一个能让我生小宝宝的爸爸，但他现在还太小，不能做这样的事，他摔门离开办公室。

我们的恐惧

第二个暑假之后，他回来时长大了也晒黑了。带他来的妈妈说,他是如此的专心,以至于他们常常忘记他的缺陷。他以非常适当的方式跟自己的姐姐玩,他现在什么都不害怕。他精力充沛,开心又有活力地玩着那些水和挑战游戏。

在这第一次会面的过程中,他非常积极地用海绵打扫地面、他的桌子和我的办公桌。然后,他拿出小房子里的椅子和沙发,像汽车座位布局一样放置它们。他在后面放两把椅子,把女孩和男孩(他姐姐和他)放在椅子上,将长沙发放在前面,沙发脚对着椅子、爸爸、儿子和妈妈。于是我感觉到,他在模拟回程。他打扫一切,是为了与我在一种更美好的关系中相见。几天后,他要求我画一个妈妈,他在妈妈的肚子里补充了三个彼此相连的球(见图5.8),当时我还不理解这幅画的意义。而这幅画面出现后不久,我得知他妈妈怀孕了。

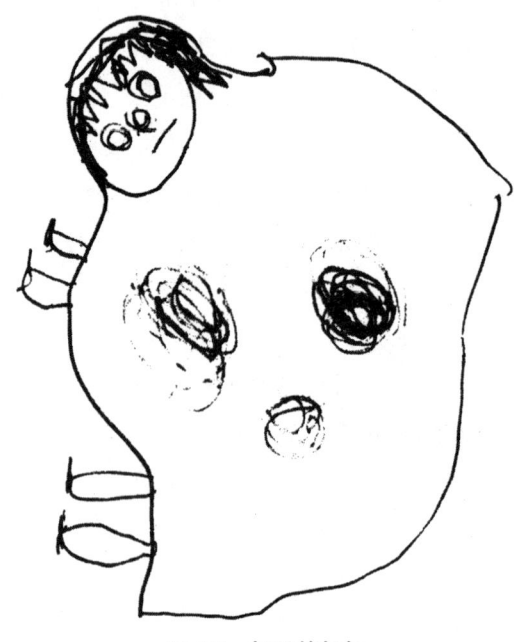

图 5.8　怀孕的妈妈

第五章 第一步

水的游戏还在继续，但是现在他会请我帮助他脱掉衣服，因为他不想打湿衣服。我拒绝这样做，这让他很愤怒，但这使他试着去自己脱衣服。因此，有时他会一丝不挂地往返于盥洗盆和镜子之间，我很难使他再穿上衣服。他似乎越来越乐于感觉到自己长大，经常说"大！"。他的长头发使他恼火，有天他过来对我说："扎……尾巴"，同时将头发聚向后面收拢。他开始画画，相继画了两幅，其中第二幅明显是我。他画了一个戴眼镜的人，一边看着我的衣服，一边同样画出纽扣。我问他："这是艾米女士吗？"（见图 5.9）他回答我："妈咪。"他现在经常说话，但还是很难令人理解，因为会出现很多扭曲的词。交流几乎保持一种稳定的状态，他会解释自己做的事情。他对语言开始显示出理解并逐渐成熟起来。因此，一天，

图 5.9 "穿着带纽扣大外套的妈咪和她的眼镜"

他照着镜子将奶瓶的奶嘴放进一只鼻孔里,我笑着对他说:"为什么不放进眼睛里!"他也笑了,立刻将奶嘴放在眼睛上。我接着说出耳朵、头发、脖子、额头,他都一一照做。最后,他来到我面前,将奶瓶放在生殖器上。我对他说,其实我忘记了那里,他开始大笑。而且他对男性特征越来越敏感,在我表示爸爸的图画中加上胡子。

现在,他找到另一种向我表达攻击性的方法。他戴上面具,然后骂我、打我,尤其是打我的耳朵,试图去抓我的头发。在面具的遮挡下,他感觉可以向我表达愤怒,而自己却不会处于危险中,很快,他想要我像他一样做。轮到我戴面具时,我表达出抛弃和分离造成的强烈感觉,他认真地听我说,试着去确定面具下我嘴唇的动作,然后躲在我的办公桌下面。这样往返很多次,然后他从我这里拿走面具,再戴上面具骂我……我们在冒险!

几天后,弗朗索瓦脱掉衣服,用手捧起水,涂在我的头发上。然后他开始在地上小便。我将他拖进厕所里。当他出来时,笑着将水洒得四处都是。我向他表示我的不赞同,并补充道,我明白一个强壮的鸡鸡对他的重要性。我还对他说,他可能想使我生个小宝宝,就像爸爸能够做到的那样,但是他现在还太小,不能做这样的事。他找出一个娃娃,给娃娃戴上面具,让它坐在我的膝盖上,同时一直重复"宝宝"。然后他把手指放进娃娃的嘴里,模仿生气,碰触娃娃的鼻子和耳朵(这些都是母亲与婴儿关系中的特殊地方)。然后他试图脱掉我的衣服,我当然阻止了他,同时重复之前作出的解释。于是他将我的眼镜和项链放在水中,拿起"爸爸",脱掉娃娃的衣服,然后也放入水中。他又将"爸爸"拿起来,放在小房子的厕所里,发出"噗嗤,噗嗤"的声音;接着他将小浴缸装满水,把

"爸爸"和"妈妈"泡在里面。然后,他戴上面具,来攻击我。我们可以从这些行为中感觉到他的混乱。想控制情境,他想当"爸爸"却被我拒绝了,当我膝盖上的婴儿又让他很愤怒,这些可能使他身上重新出现最早期的焦虑。

控制分离

在接下来的会面中,我们开始剪纸。他让我在同一张纸上画上一个爸爸、一个妈妈和一个婴儿,然后让我把它们剪开。这时我已经知道他母亲怀孕的情况,我向他解释了一个游戏,作为另一种控制情境的企图。与所有人分离,可能不包括婴儿?都会使他焦虑。他在一个妈妈玩偶内部画画,戴上面具喊道:"有人吗?"或者"害怕"。他将图画粘在我办公室的门上,就像害怕失去一切,然后躲在我的办公桌下面。这个孩子如此害怕分离,我常常很难使他平静下来。爸爸—妈妈的场景增加了。他拿起那些小人儿,放在床上,分开它们,将它们一起或分开缠上胶带。他在努力控制一种对他来说太过沉重的情境,我为此很担忧。他将我从头到脚粘上胶带,我感觉他这样做,既是想要我完全属于他,将他保存在我身上,同时也是想阻止我再制造一个婴儿,然后让他通过身上的任何一个出口出来。

我对他的要求越来越严格。与离开时要对我说再见一样,这时我坚持他到来时对我说你好。但这仍然很难做到,因为他急着玩游戏,就好像在进入我办公室之前,这些游戏就已经在他的头脑之中。他不再脱衣服,不再试图在房间里溅满水;他的挑战行为也不再那么稳定。他试着到处乱画……在他的桌子上、地毯上、墙上,他明显很高兴看到我一边跑向他一边声嘶力竭地喊着"不!",然后他也跟着喊"不!"。

这时言语交流已经变得更多,尤其是,弗朗索瓦总是解释自己所做的事,同时确保我真地在听。例如,在会面开始时,他在自己的桌子上乱画、笑,当我反对时,他跑向盥洗盆,满头是水地爬上我的办公桌,看向外面。我建议把他拉到窗前的暖气片上。他说"是",然后贴在玻璃上,观察院子,当天气好时,他会在那里玩耍。他说"院子",然后是"你好院子",同时做出手势。然后他一边看着地上一边补充道"害怕"。现在辅音"R"有时会出现!必须承认,他在暖气片上保持住了稳定待着的状况,我将他抱到地上。他走向镜子,把头发向后捋,说"大",然后说"爸爸"。

他走向盥洗盆,在杯子里装满水,一边喝一边向我展示,对我说"全喝了"。接着他将一个娃娃放在纸上,让我画出轮廓,当我问他这是否是个男孩,我是否该画上阴茎时,他清晰地回答我"不!"。但马上,他让我画出另一个孩子,这次,自己拿起铅笔,加上一个极大的男性生殖器。随后,他开始自己画有性别特征的人物(见图 5.10)。然后他拿起剪刀对我说:"剪",同时向

图 5.10 第一次性别表征

我展示两个人之间的不同。也许这是关于性别区别的初次疑问的雏形?

在这一时期,在他眼中,所有移动工具都象征着爸爸:摩托车、火车、直升机和小汽车,他把爸爸娃娃放在小汽车上,一边发出"隆隆"声一边看向外面。而这时,同将外部和交通工具与爸爸结合一样,似乎每间房子都会更加能够代表妈妈、孩子以及未出生的婴儿。他使用家具,将孩子从床上拿出来,让他们围坐在餐桌旁,将婴儿的摇篮放进父母的房间,将妈妈放在炉灶前,让他们轮流去厕所或洗澡。有时交流又会占据上风;他让我粘住门窗,将我和他的名字写在胶带上。也许,他很害怕,在这种他试图去建立的家庭组织中,使我们彼此连接的母亲—孩子的特殊关联会随迁移消失?

话　　语

这时弗朗索瓦可以说出数字 2,或者数"1、2",但当我教他时,却拒绝说"3"。刚开始学说话的自闭儿童有时会这样数数,但更普遍的情况是,听到他们说:"1、2、4、5……"在他们的心理机能中,缺少父亲—母亲—孩子的三角关系,常常使他们无法表示数字 3。同弗朗索瓦说"2"一样,他喜欢在同一张纸上画两个人,冒着用剪刀将它们分开的危险,然后由此表现出他对控制分离的渴望。一天,他让我画一个爸爸,自己上色的同时,加上了眼睛、鼻子、嘴、帽子和男性特征,他在旁边画了一个头发很长的胖女人(真的很像怀孕),然后说:"妈妈。"(见图 5.11)

图 5.11　爸爸妈妈在一起

他"说",但他说什么?

弗朗索瓦说话越来越多,有时会坚持重复一个词,哎呀!我一直不理解。因此我感到很不舒服,甚至沮丧。我有一种很不愉快的感觉,正在错过一个重要的时期,就像一个糟糕的妈妈:他对我说话,我却完全无法理解他!有时,在几次会面之后,我能够破译出他的话,这让他欣喜若狂。当我无法理解时,他会生气,继续重复这些话。我试着安慰自己,对自己说,对一个正在学习说话的没有障碍的孩子,我不会如此忧虑,我会更加从容地接受自己无法完全理解。但这一治疗阶段很困难,保持一段有效间隔的治疗是多么不简单。在此,我想起一个他每用橡皮泥装满小货车时都会重

第五章 第一步

复的词。他差不多是这样说的:"哐,哐"。我不可能理解这代表什么意思。然而,他在放上这些橡皮泥时很高兴,我最终想到,他当时可能正在说"渴望"。渴望被放在车里,渴望感到被牢牢装在里面,然后我对他重复了很多遍。就这样,不管正确与否,"哐"被转化为"渴望",最终他能够清晰地说出这个词。这是否是这个词的真正意思,或者他是否喜欢我的解释,我对此一无所知!然而,从此以后的会面中,"渴望"这个词能够被真正自由的使用。

他在桌子上画画,当我生气时他非常高兴。我对他说:"看看你的桌子,它就像是便便。"他用一种愉快的语调重复"便便",然后从小房子里拿出放在脏地面上的桌子、椅子、安乐椅和长沙发。他又说"便便",让爸爸坐在安乐椅上,妈妈在长沙发上。然后他把女孩放在妈妈旁边,男孩放在爸爸旁边的安乐椅上。他看着自己的作品,保持沉思。他的表情难以理解。他拿起男孩,说"嘘",用橡皮泥盖住它的头。他重复"嘘",又将男孩独自放在房子里。突然,他眼睛一亮,拿起男孩,努力将它放在小货车中,看着我说"渴望,渴望!"。于是我回答他,我觉得他想表达的是,他不想再独自作为一个孤独的"宝宝、便便和嘘",而是渴望成为一个大男孩,能够做所有事情,变得向爸爸一样高大强壮。于是他一边绕着我的办公室转圈,一边发出开心的喊声。

在这一时期,弗朗索瓦正在联系内部和外部、外面和里面(他在六个月后才学会说这个词)的概念。他把橡皮泥放进小炉灶、汽车和抽屉里,再确认里面东西的安全性。他对自己也做同样的事,吞掉东西,然后努力吐,吐不出来以证明吞下去的东西不会从嘴里出来。在我身边,他高兴地(看着尽管他努力去吐,但还是空着的盥洗盆)重复:"没有!"他还会从我的办公室出去,再进来,我会有规律地强调:"里面!(……)外面!"这让他觉得很有趣。

圣诞假期临近,我第三次帮他为分别做心理准备。他很焦虑,娃娃和小房子里的"孩子"又一次被橡皮泥遮盖。有时,我觉得这是一种积极的表现,我认为他这是在保护我们的关系和我们拥有的对方的所有形象,通过这种橡皮泥保护层将它们牢牢固定。但有时,他会对娃娃很暴力,这时,我觉得他表现出对离开期间会被其他孩子取代的强烈恐惧。母亲怀孕这件事只会加剧这种忧虑。

那么父母呢?

这时,弗朗索瓦已经接受治疗两年多。圣诞假期很顺利。他母亲再次告诉我他又有多少进步:"他就和其他孩子一样,我几乎忘了他的区别,我感到很高兴。"他的父亲也改变了很多。失望和违拗变成了倾听和注视。最终他**看到**自己儿子的进步。曾经有段时间他经常走进我的办公室,对我说,"什么都没有改变,总是老样子",此时这一阶段终于过去了。也许,弗朗索瓦身上出现的某些词意味着很多;但这位父亲同样注意到弗朗索瓦参与了兄弟姐妹之间的游戏和家庭活动。听到这个男人一脸喜悦地向我讲述自己儿子的出色表现,我想起了从前的一次交谈,在那次交谈中,他失望地表示自己无法认识到弗朗索瓦的进步。我曾对他说(他一定不习惯听到这种话):"如果你再对这些视而不见,我会狠狠打一顿你的屁股!"他当时惊愕地看着我,那一天,我相信我强大的信念动摇了他绝望的保护层。

父亲需要很长时间才发现弗朗索瓦的发展,而母亲则敏锐地观察到他的所有变化。有时,她觉得发生的事很神秘,我们会一起

第五章 第 一 步

讨论；但她总是很容易理解，温柔而坚定地支持儿子的进步。这对父母有一个共同点：他们从不过分强调弗朗索瓦的进步。我们曾一起对此进行过很多讨论，他们明白过分强调不是好方法，可能会产生反效果，也就是停止进步。

很难在孩子的渴望与父母的渴望之间找到平衡。如果自闭症儿童感到父母的渴望太多，他们自身的渴望会被消除。此时，弗朗索瓦的父母知道这其中包括他们所说的话，因此他们像对其他孩子一样对弗朗索瓦说话。用语言表达他们的要求，他们不再总是试图帮助他。弗朗索瓦的反应能力使父母惊叹，他们能更好地承受、并接受他的奇怪之处，以及他经常出现的退缩表现。

会面继续进行。与治疗的其他阶段一样，弗朗索瓦身上没有什么惊人的进步。但他的定位和感知得以加深。因此，他越来越有安全感。我们的关联，以及与外部现实的管理，仍然是他担心的重点。胶带和橡皮泥仍然是他的首选方式，他能够以此模拟被封闭的孩子的困境，然后他很高兴地看到这种愤怒和沉默的外壳掉落。一天，他在我的一幅画上（一个女人的侧面像，大概能辨认出是我）耳朵、眼睛、鼻子、嘴和头后面的位置粘上橡皮泥。同时他触摸自己眼睛和我的眼镜，自己嘴和我的嘴，等等。于是我对他说，他填满这些地方，可能是为了让这些使我们彼此了解的地方变得更加坚固：眼睛用来彼此注视，耳朵用来彼此聆听，嘴巴用来彼此说话，鼻子用来闻到彼此的味道，脑袋用来保存这些美好回忆。于是我听到他对我说："是，是！"

这次会面后不久，我听说他祖父母中的一位自缢身亡的消息。训练师注意到，他脖子上长满了小包。在我身边，他以奇怪的方式表现自己的痛苦。他和妈妈待在候诊室，我去候诊室找他。一看到我,他就发出一声尖叫,强制我脱掉当天穿的黑毛衣,说:"不好看!"然后,到达我的办公室后,他将毛衣放在一个安乐椅上。我将这个行为理解为他害怕看到我也消失,并告诉他我的理解。他很焦躁,不想让我再穿这件毛衣,我不得不让毛衣留在他放的位置上。在我的办公室里,他拿起一个黑色娃娃,走向我,说:"痛,害怕。"他将娃娃放在我的膝盖上,把我们的脖子和手都缠上胶带,然后去了走廊。他回来,又出去,多次重复这种行为,以保证我没有离开椅子。我对他说,我就这样安静地等他,他能一直在这里找到我。于是他拿起其他娃娃,放在我的膝盖上。

我深深觉得,出现这种场景是由于亲人消失以及他听说这件事所造成的创伤。这种创伤使他突然陷入我也会消失的想法之中,对他来说,这种恐惧难以忍受。在相继的几次会面中,他几乎没有任何变化地重复上演这种场景,他总是离开房间,从外面确定我没动,之后再回来。他的目光有时伴随着一声宽慰或满意的"啊!"。

周五上午的会面很早(日间医院开门的时候),弗朗索瓦被他的母亲带来。她总是带着更小的儿子,亨利。因此,那天我能够衡量出弗朗索瓦和我之间缔结的关联的强弱。他的弟弟,当时2岁,拉着我的手想要把我拖进办公室。这时我看着弗朗索瓦,他就像刚开始接受治疗时一样,眼神空洞,身体蜷缩:他不在了。于是我对亨利说:"不!可不是你要跟我来,你知道的啊,是弗朗索瓦!"弗朗索瓦的目光瞬间一亮。他身上的一切又活跃起来,这令人印象深刻。他母亲和我彼此对视,如释重负。他大叫一身,冲进我的办公室,又回来拥抱自己的妈妈和弟弟,同时清晰地对他们说"再见",然后将他们推向门外。他拉着我的手,把我拉进办公室。在这段插曲之后的会面中,他拿起小房子中的婴儿,用橡皮泥遮盖住婴儿,一边放进浴缸中的水里,一边说:"痛痛。"这次会面中,他对窗后发生的事情感兴趣,说,"有人"。当听到有人说话时,他会一边指着朝向昏暗内部的窗子,一边发出恐惧的尖叫声。黑洞并不遥远。

向自主发展

弗朗索瓦找到了一种堵住没有塞子的盥洗盆的方法。他用一块海绵盖住排水口。水上涨,溢出来,他很高兴,而我……我擦干水。但这种溢出使他扭动身体,他喊,"尿尿",我勉强能及时将他带进厕所。然后他又重新开始同样的充满游戏。于是我决定在这个行为中引入父亲的权威。我找到小房子里的"爸爸",拿起来对他说:"爸爸说,'不,不,不!'"他笑了,拿起"爸爸",用橡皮泥遮盖住,对它说,"嘘",又把他放回床上。这样我就达到了自己的目的!当被擦水这件事累得筋疲力尽时,我强制关掉水龙头,他失望地想要再打开,哭着对我说:"不能。"

控 制

渐渐地,游戏转化为控制装满。弗朗索瓦让盥洗盆满到极限,然后及时关掉水龙头,通过说"关",来表示自己的满意。他还会跟着我重复,最终能够自己说出:满、空、离开、装满。他赋予这些活动越来越清晰的意义。这涉及控制情境,而成功使他充满快乐。然而,失败也不再让他过分焦虑,因为此时我们的关系已经足够持久,使他能够请求我的帮助,而不会觉得这是一种入侵。在建立这些控制游戏的同时,他试图去克服分离在他身上不断引起的焦虑。抑郁和攻击性相继出现。在一次会面的过程中,他在壁橱中拿起一把小手枪,这是他从未碰过的东西。他向我挥舞着手枪,喊道,"啪,啪!",然后激烈地骂我。虽然听不懂他说的词,但我理解了他的意图!

他松开手枪冲向我,试图打我并且成功打到了我。然后又冲向水,我站起来,想防止他把水洒出来,他又走向我,喊着,"不!",强制我再坐下。但是,大概他还是很在意我,因为他过来拉起我的手,把我拉向长沙发,让我躺在上面,用充满权威的语气对我说:"睡觉!"他短暂地在我身上靠了一会儿,一边走开一边说"不",拿起我的眼镜和他自己的眼镜(我给他的旧眼镜),放进垃圾桶里,最后在自己脸上粘上胶带后又在我脸上粘上胶带。他沉思了一会,拿掉自己身上的胶带,却不让我拿掉胶带,对我说"再见",然后离开办公室。这一天的会面令人非常疲惫,但是,第一次,我在他身上感觉到一种对自主的强烈渴望。

这种自主因为出现于母亲再次怀孕期间而显得尤为重要,在这一时期,分离的幻想与焦虑的相互作用特别强烈。同将自己的需求、对长大的需要转移向我(母亲形象)一样,他又开始玩娃娃——与上次母亲怀孕期间一样——表现出他对即将出生的婴儿的心理矛盾。他拿起娃娃,将它们的头浸入水中,将它们放进垃圾桶里,用橡皮泥堵住娃娃身上的所有开口,将他们藏在沙发下面;然后他开始害怕自己的攻击性,找到一条毛巾让我擦干娃娃或者去掉它们身上的橡皮泥。然后他让它们躺在沙发上,将垫子放在它们脑袋下面,然后自己也躺下,抽泣着说,"痛痛",然后假装打鼾。这时我对他说,他可以向我表现一个小宝宝的到来使他多生气，这使他不那么害怕，安静地睡着。也许，睡眠是他逃避自己攻击性感觉和抑郁感觉的最佳方式。当他对那些小娃娃做出这样的行为时，他的表情变得冷酷，或与之相反，他会流下眼泪。他不停地说话，可以清晰地说出这些词：宝宝，不好看，吃奶，扔掉。有时，当他感到无法控制自己的攻击性时，他会拿起之前用来骂我的面具（佐罗的旧面具），给娃娃戴上，以此来保护它。他拿起剪刀，剪子尖朝向娃娃变得很难碰到的眼睛，又试图去剪娃娃的脸和手指，而无法做到这些使他显得很安心。然后他拿起橡皮泥粘在自己攻击过的地方。另一种控制自己攻击冲动的方式是，他拿起小栅栏，将它们围成正方形或长方形，在里面放上塑料野生动物：狮子、老虎、熊和鳄鱼（见图5.12）。如果栅栏不小心打开了，他会恐惧地大

图5.12　防卫栅栏

叫,我必须将栅栏粘上。我对他说,所有坏动物,就像他头脑中的坏念头一样,都必须被牢牢关起来,好让它们不能逃出来,伤害妈妈和小宝宝。

在这一时期,他又一次表现出恐惧。他拿起海绵,擦洗所有家具,移动它们,通常会用椅子堵住门,按自己的方式将我的办公室彻底重新布置。他还用积木建起一座房子。开始,他无法接受房子倒掉,发出恐怖的叫声。但因为不断听到我说"砰!我们重建!",他渐渐平静下来,最后在自己毁坏又重建中找到乐趣。在这段时间的会面中,水和水龙头依然具有神奇的力量。当他想要保护一件物品或使它更坚固(比如积木)时,他会在使用前将它们浸湿。在一次会面的过程中,他找到一块每一面上都带有字母的积木。他摸着一个字母对我说:"什么?"我回答他:"这是一个 A。"他翻转积木,我继续对他说出这些字母。当听到他说出"u"和"i"这两个积木上没有的元音字母时,我怎么能不惊讶!他似乎对我的惊愕很高兴,回去继续浸湿积木。在这同一时期,他开始假装写字。我知道他此时会定期去见日间医院的教师,他很愿意在教室里见到她,去完成她提出的任务。然而,接下来的会面和以往一模一样,我又一次感到消沉。

消 沉

尽管看到弗朗索瓦的自主性在不断扩大,这时我仍然觉得这种自主性是重复的,仍然无法解决。水又一次占据优势地位。他不再弄湿房间,但他还是被装满和倒空的游戏吸引。这项单独活动让我十分忧虑。我感觉自己被遗忘,被抛弃。虽然我对他说,可能他在重演他自己作为婴儿的孤独，但他毫无反应。我们正在度过一段艰难的时期。我再次思考，应该让他继续如此还是结束这段孤独的倒退时间？冒着使他对我冷漠的危险让他独自越过这一阶段，还是加入其中意味着我的存在，我的兴趣，以及渴望与他交流的话语？我最终决定对我们共同的消沉状态作出反应，重拾我在最初会面时的态度。我开始做他做的事，模仿他弄出声音，把手浸在水中，我对他说我没想加入他的游戏中。有时，我也会关闭水龙头，将水龙头拧得很紧。他反对说："不能"，开始生气，最终又对其他事情感兴趣。这样，渐渐地，他对其他活动的兴趣重新出现，野生动物再次出场，他美化他们的栅栏公园，在里面加上小树，说："漂亮！"

他又一次更加专注，但他变得依赖性很强。他不停地向我表现"痛痛"，我应该在上面"粘贴"。他的自主性消失了，我觉得他退回了从前。退行经常出现在自闭儿童身上。他们很脆弱，任何外部事件、任何新情境、任何环境变化都会造成一些无论是对心理疗法医生，还是对孩子来说，都十分令人忧虑的行为。因此，需要询问他周围的人，努力去确认那些可能会造成创伤的事情，跟他说话，帮他重现场景。因此，我们可以对"重占上风"抱有希望。在弗朗索瓦的情况中，母亲的怀孕，以及得知春假的到来和我们的分离也许都扮演着负面角色。然而，弗朗索瓦精力充沛地度假归来。又一次变得活跃，他会解释自己所做的一切，词语又再次出现。他说出小房子里的家具，重复很多次"外面"，让我在代表爸爸的图画上画上帽子，玩小汽车，或者请我将他抱到暖气片上，看向院子。他同样能够回应我的所有指令："开灯""关上壁橱""放在里面""看下面或看上面"……。空间和时间的概念变得清晰。他的训练师告诉我,每周二上午,在会面前的音乐小组活动中,尽管她忘了陪同,弗朗索瓦走过去拉着她的手,对她说"妈咪"。

学校,第一个企图

一段时间以来,日间医院的团队希望在幼小班里对弗朗索瓦进行为期一周的观察。他们认为,是时候让他接触那些"天然的"孩子,此时,他需要日间医院的孩子无法提供的刺激。他们找到一家可以接受最低程度(一年级)学生的幼儿园,这家幼儿园的时间安排比较宽松(9点—16点)。对于这一提议,我感到十分矛盾。不是因为我觉得他无法进入孩子的群体中,对他们的活动感兴趣,而是我认为这并不是一个变化环境的好时机,他已经因为与母亲之间关系的改变感到痛苦,这种改变是即将出生的婴儿引起的。分离的黑洞并不遥远,我认为,不应使他再落入其中。

进行观察的前一个周五。他在母亲和弟弟的陪伴下与我会面。在我与他母亲一起商量下一周的会面时间时(我坚持希望会面在学校以外的时间正常进行),他在玩电话机。他母亲说这样她将很难带他来。怀孕使她筋疲力尽。她非常担忧,不知道分娩以后怎么带弗朗索瓦来医院。她很担心弗朗索瓦与他未来的妹妹之间的关系。她眼中含着眼泪。很明显,在幼儿园中的观察使她非常忧虑。对她来说也是一样,大家如此期待、如此希冀的前景,在这个不合适的时间来到了。第一次,弗朗索瓦不愿离开她。我一个人走向办公室,告诉他我在那里等他。过了一会儿,他拿着自己弟弟的外套和风帽来到了办公室。我拒绝他将这些东西放在房间里。他出去,又拉着妈妈的手回来。他将妈妈拉向我的办公室。

她拒绝进入。我说,上学的前景如此艰难,以至于因为害怕失去我们,他想将所有人集中在一起。他让妈妈离开,拿起一支毡笔,在文件夹封面上画上交叉的线,这个文件夹里装着他的画,然后,他把文件夹交给我。我对他说,等他下周回来的时候,一定还能找到这个文件夹。他说:"痛痛",把胶带缠在手上。然后他要求我画一个小男孩,我画的小男孩手上同样缠着胶带。他让我在男孩脚上也画上胶带,然后写上"妈妈"。然后他把自己的鞋递给我,让我在上面粘上胶带,鞋底也要粘上。他又穿上鞋,走到门口说"走"。确定旁边办公室关着门,他又说"走"。会面结束之前的所有时间,他都在离开又回到我办公室。他微笑着,越来越放松,我对他说这个好胶带可以让他的双脚更结实,这双脚能够带着他毫无困难地从学校走到我的办公室,当然,我会在办公室里等他。他继续自己的游戏,同时说着"再见"和"你好"。一次他回来时对我说"笑"。他非常高兴,跑着穿过走廊。我宣布会面结束。他想拿掉胶带(他粘在手指上的胶带),却没能成功,他很恼火。我对他说,其实胶带很好,可以使好东西变得结实,可以把它们粘在一起,但胶带粘得太牢的话,也可以变坏,因为这时他会阻止我们得到想要的东西。他拿起会面开始时画的小男孩,让我把它剪下来单独放进他的文件夹中。他离开我的办公室,跑向他的训练师,转身,回到我身边,摘掉我的眼镜说"等",跑去把眼镜放在小房子里,然后再次离开。我的眼镜应该在他不在期间监督我们。

从前一天起,弗朗索瓦开始去学校。我们的会面进行得很顺利。他很专注,却又开始做一些之前已经放弃的活动:他把胶带粘在脸上,在镜子前呻吟。他拿起一根红色绳子,将我们的脖子彼此相连,然后拿掉红绳,打我。我认为这种对于分离积极、有攻击性的表现是比较让人放心的。他的训练师,通过电话联系过老师,确认一切都很顺利。他参加班级活动,午饭吃得很好,像其他孩子一样午休。这点尤其重要,因为我们可以从这里看出信任的真正表现。接下来一天回来看我时,他和妈妈在候诊室等我。他的目光甚至比治疗之初最糟糕的时候还要空洞。他手里拿着一张纸巾,递给他的妈妈,说:"口袋",然后哭着要另一张。一到我的办公室,他拿起垃圾桶,在里面装满水,绕着房间洒水,就好像他在努力利用神奇的水修复自己的世界。他将小汽车和小房子里的家具浸在水中,然后把垃圾桶粘在我的腿上。我感到,他突然向我表示,什么都不是坚固的,就像都有爆炸的危险,需要我帮他重建一切。他让我把胶带粘在洗手盆边上,拿起蓝色毡笔对我说"写"。我一边写一边说:"明天弗朗索瓦回来看我。"他还让我写,我又写上:"艾米女士和弗朗索瓦还会在一起。"他的焦虑似乎得到缓解,他的目光又一次活了起来,当他离开办公室时,对我说"再见"。

第二天,他迟到了,并拒绝跟着我。他拉着妈妈走过走廊,并想让她脱掉外套。他推妈妈,想让她进入办公室。妈妈拒绝了。他最终自己进来,关上门,说:"尿尿",然后出去。他很不安,又焦躁。他重新回到我的办公室,将自己关在里面,把我留在门外。我对他说,我感到很孤独,感觉自己被抛弃了,假装在哭。

他打开门,让我进去。他拿起一块橡皮泥,放在我的右手中,让我尽可能把手握紧,他去找胶带,让我剪下一大块,一端粘在我握着的手上,另一端粘在我的眼镜上。然后,他让我剪下另一块胶带,绕在我的脖子上。我对他说,可能他觉得我抛弃了他,他不能再依赖我,他需要让我的手和眼镜连接起来,以便于我能再次牢固地容纳他。我还补充说,他在我的头上围了一圈漂亮的项链,是为了让它能留在原处,继续在里面保存我们彼此的全部形象和他喜欢的那些话。他还是很担心,但平静地同意我带他回候诊室。

第二天,别人通知我,他不能来与我见面,因为他得了疱疹性口腔炎,发了高烧。学校中的观察被中断了。我还得知,周二下午,从午睡中醒来时,他没有找到老师,这位老师去参加培训却没有提前通知他。两个弗朗索瓦不认识的老师代替了他。他从那时起开始虚弱并发烧,我非常生气,这位老师这是将弗朗索瓦吊在了绞刑架上!任何孩子都不应该因为分离或离开留在陌生环境中,对一个自闭儿童尤其不应该这样做,他无法承受改变,将缺席视为灾难性的消失。表面上看,这位老师已经对弗朗索瓦进行了很好的"投入",但因为弗朗索瓦很脆弱,这种无准备的缺席对他来说是一场真正的灾难,他的生病就证明了这一点。然而,他将焦虑躯体化的全新能力使人相当放心,可能正是这种能力使他跨越了曾经深陷其中的消沉状态。

你也一样,你也消失了!

一周后,他回来看我,带着大大的微笑迎接我。他脱掉我的外套,说:"外套",然后我的眼镜,我对他说,他大概是害怕我像老师一样(或者和他一起)消失。我补充说,我知道全部故事,我明白他当时很害怕,但他下次回学校时,老师会在那里,以后老师需要离开时,会先告诉他。在说话的过程中,我们手拉手走过通往办公室的走廊。他先拿起小房子里的婴儿,用橡皮泥遮盖住小婴儿,将它放在一个妈妈玩偶的肚子里,再小心地封闭上,为了更安全,又让我在上面粘上胶带。于是我了解到他多么害怕失去我,害怕不能再当怀孕的妈妈的孩子,我对他说了这些。他紧张地看着我,然后去找奶瓶,让我在奶嘴周围缠上一圈胶带。然后又开始看着我喝奶。

在接下来的会面中,他拿起一支毡笔,勾画出妈妈玩偶的内部。我对他说,可能他想要像一个爸爸一样,在我肚子里放一个宝宝。他摘下我的眼镜,换上他自己的。他走向电话,确定电话线挂在墙上,然后狠狠地屏气向后用力。可能他在表现用肛门分娩,和他对将我们连结在一起的电话线的依恋。这次会面的过程表现出,他想继续当我的小宝宝,想通过和我制造一个小宝宝来控制情境,在这两种渴望之间,他是多么矛盾。

在接下来的会面过程中,他还表现出对当一个能够毁坏妈妈的孩子的恐惧。他趴在我的椅子下面,呻吟着爬行,然后过来靠在我身上说:"痛痛。"他的妈妈即将分娩,他越来越焦虑。他把小婴儿放在我的肚子或阴阜上,说:"害怕……痛痛……妈咪。"其他词也出现了:不可能、堵住、房子、浸湿、分娩,最后,尤其是:里面。在出现这些重要词汇的会面中,他请我把他抱到暖气片上,看向窗子外面,说"外面",然后补充道:"妈妈、妈妈、弟弟、姑姑。"我对他说,他其实想要找到全家人,他需要离开我的办公室,去外面。于是他要求从暖气片上下来,看着周围,说"里面"。他拿起小房子里的爸爸、妈妈和小男孩,将它们分开放在自己盒子的盖子上。不再像以前那样,将人物混合在一起,而是三个独立的个体,尽管在一起,他们却分别看向不同的方向。

假期和妹妹

春假又一次临近,我帮他做好分离的心理准备。胶带没再出现,这是因为里面和外面已经被固定在他的机能中。他觉得和我在办公室里散步很舒服,还走到了办公室外面,也就是在走廊和候诊室里。我们紧紧贴在一起,患者们惊愕的目光和同事嘲笑的目光让我很不自在。我最终拒绝了这个小游戏,同时向他保证,我明白,他是想向我解释,我们的关系不会在我办公室外面就断开。于是他改变策略,开始在小房子的门窗上粘胶带,将里面的家具拿进拿出。然后,在会面结束前,他要求我在胶带上"雪"(写)。我写上:"艾米女士和弗朗索瓦的家。"他很高兴,用手指摸着胶带,跟着我重复:"妈咪和阿索。"在他离开前倒数第二次会面中,他剪了真正的小男孩的短发。我很高兴,他满意地照着镜子说"小宝宝"。我很确定地说,他现在看起来是个大男孩。他把胶带粘在脸上,哭,跺脚,然后马上拿掉胶带,说"达"。

他的假期延长了。他缺席了三周,然后会面内容主要是老游戏:绳子、橡皮泥和胶带,但增加了一个新程序。他坐在镜子前,腿伸直,要求我用胶带将腿绑在一起,站起来,在房间里跳,然后先对我说再见,再跳到走廊里,关上门。因为他迟迟没有回来,我去找他,发现他在候诊室里,已经拿掉了缠在腿上的胶带。他试着将我拉到出口。我拒绝了。于是他将我拉到锁着的安全出口,用愤怒的语气对我说"钥匙"。我一边带他回办公室,一边对他说,我明白,他想带我一起走,但会面地点是我的办公室。他很生气,去敲每扇门,同时说着"走"。对他来说,我不再是办公室里的一件物品,而是一个人,能够像他一样去里面和外面、跟着他、让他来去自由或拦住他。

以下叙述的三次会面,一次是在弗朗索瓦的妹妹出生前,两次是在她出生之后。

出生前的会面

他在奶瓶和塑料碟子中装满水。他让我用胶带覆盖碟子来保护里面的水,然后让我用胶带缠住奶瓶的奶嘴。我问他,是不是碟子是给大孩子用的,而奶瓶是给小宝宝的,我还说,跟我在一起时,他可能是想同时作为大孩子和小宝宝。他用奶瓶喝了很长时间水,并且让我也喝水。我说,他妈妈会有另一个小宝宝,我明白,他会感到嫉妒,而且害怕不再是一个有妈妈的宝宝。于是他拿起娃娃,用毡笔在娃娃脸上画一个标记,说,"痛痛,宝宝,胶带",然后让我用胶带将娃娃的头完全缠上。

他看着我,打娃娃的头顶。我问他是不是想让我保护宝宝不被他的怒气伤害。他又开始打,但没用力,这让我想到当时他的母亲即将分娩,于是我问他是不是想到快要离开妈妈肚子的这个小宝宝,他想保护她的头,让她出来的时候不会受伤。他对我笑了,把娃娃放在我的膝盖上,走出办公室。第二天我得知,他的母亲在当天晚上分娩。

分娩后的第一次会面

他将手指伸向我,说"痛痛"。我把胶带缠在他的手指上,在上面吹气,就像是为了缓解他的痛苦。他笑了,说"还要"。然后,他要求我把胶带粘在他的眼睛、鼻子和嘴上。他走到镜子前,边哭边哀叹。在无法理解的话语中,我听到"哭,宝宝,痛痛"。他戴上面具,在脖子上缠上一条红绳。我说我知道他妈妈又有了一个小女儿,今天他想要像我的宝宝一样。我还说,他脖子上的红绳大概是想要向我展示,他觉得从妈妈肚子里出来多么困难,多么害怕,害怕脖子上的细绳会杀死自己,这根红绳可能会使我们难以呼吸。他大声喘气,手放在胸口上,就像害怕窒息。这一幕非常让人伤心，同时也提出了问题。人类拥有在早期（例如出生时）感知并通过感觉创伤得以重生的能力，而他是否还离这种能力很遥远？弗朗索瓦很焦虑，他让我将胶带缠在他的脖子上，粘在门上，锁眼上，而且会面结束时他拒绝离开。我用尽办法将他带到教师那里。当他哭着走远时，我又想到他亲近的家人那次猛烈的死亡。我开始思考，是否在突然想起的片段中，他是否将对出生时幻想的窒息与死亡，与自己从前半死不活的亲身经历联系在了一起。

出生后的第二次会面

他的训练师将他带来，对我说他一定有很多事要对我说，因为他去产科看了自己的妹妹。弗朗索瓦似乎对她跟我说话这件事很愤怒，在她面前摔上门。他拿起胶带，向我要了一小块，第一次，他没有将胶带粘在嘴上，而是粘在了下巴上。他照镜子，露出大大的微笑，满意地自言自语。我理解："漂亮，大，不怕。"我对他指出，其实他好像不害怕了，因为胶带给了他一张结实的嘴，让他可以说话、喝水、吃饭。他在房间里闲逛，想找到事情做，他打开壁橱，第一次拿起一套大概有十个拼块的拼图，他将碎块倒出来，又马上重新拼上。他这样拼了很多次，直到他发现，拼图上画的是一所房子，他缺少一块屋顶。他拿起小房子里的男孩，将他放在缺少的部分上，开始哭。这座突然出现一个洞的房子让他很担忧。我开始寻找缺少的那块拼图，很难找到，而他一直闷闷不乐。我最终趴在沙发下面找到了丢失的那块……弗朗索瓦，他又找回了微笑。他又拿起另一套画着餐具的拼图，拼好拼图，他假装吃饭，大声咀嚼，说"好"，然后发出愉快的感叹。这个场面使我安心。它说明当时弗朗索瓦获得了象征体系，说明当妈妈不在时，他想要感受长大的感觉，说明他见到妹妹这件事并没有引起我们所担心的倒退。然而，屋顶的插曲说明了他脆弱的一面！

在接下来的会面中，胶带还会被用到，但他用胶带来象征结实和强壮，他不再堵住获得交流的途径，他愿意保持这些途径。当胶带偶尔超过范围时，他会哭，跺脚，立刻去掉胶带，这表示他非常清楚帮助自己长大的东西，和超出其功能使自己变得又瞎又哑的东西之间的区别。

他在继续习得。我发现他认识简单的颜色：红色、蓝色、绿色和黄色。他越来越对我写的东西感兴趣，他要求我在图画下面加上标题。他说，"写"，有一天又加上"学校"。我又说学校、老师，然后我边写边大声说："弗朗索瓦现在想去上学，艾米女士像一个为自己儿子感到骄傲的妈妈。"他很高兴，假装用手指指着字母读。他说："妈咪，阿索，学校，是。"

在同一时期，他变得易怒，更具有攻击性。他的训练师告诉我，弗朗索瓦打了她耳光，因为他不能忍受她照顾其他孩子，总是缠着他。我觉得这是一种正常反应，是由于妹妹的出生造成的。这件事后不久，一次有趣的会面展开了。当他打开我的门时（他没有在候诊室等我），我在打电话。他说"妈咪"，然后跑了出去。我挂掉电话去找他。他的母亲在候诊室，怀里抱着婴儿。他一定要我抱抱小婴儿，我非常用力地拉他，以至于有一瞬间我担心他会摔倒。我对他说，我不会抱他的小妹妹，因为她太小了，不能离开妈妈的怀抱。他拥抱了妈妈、弟弟和妹妹，跟在我后面。他的手里拿着一只小雏菊，送给了我。我把他带到工作人员的餐厅，在那里拿了一杯水，完全没有想到我办公室里的杯子和盥洗盆。我在事后才想起来，然后感到，就在见到这位母亲和她的宝宝之前，可能，我也希望向机构的同时展示我的"弗朗索瓦宝宝"，成为了一个大男孩。

在接下来的会面中,我们关系的扩展进一步证明了他对自主的渴望,他越来越想表现得独立。这不再是逃避到孤独之中,而是一种对自身能力的意识,探索自己的渴望和一种向我展示成功的自豪感。胶带渐渐消失,只是突发焦虑下的最后一种手段。新游戏出现。他使用乐高玩具建造房子(见图5.14)。小房子得到越来越多的投入。弗朗索瓦用橡皮泥加固窗框,按自己的方式重新布置房间。解说了用胶带封闭房子,将所有本该在里面的东西放在外面(见图5.13)。当他画人物时,他不再用同样的深颜色遮盖,而是灵巧地复制我们自己衣服上的颜色。当人物的脸消失在一种太暗的脸色下时,他拿起蓝色或红色毡笔重新画上眼睛,鼻子和嘴。很明显,此时感官功能得到确定,他在保护它们。他不再对痛苦无动于衷,当他撞到时,他会大哭。这是他会走过来对我说:"吹吹痛痛。"

图5.13 封闭的房子

图 5.14 第一座房子的雏形

此后不久,我接待了他的父亲,他看起来很放松。他为自己的小女儿骄傲,尤其高兴看到弗朗索瓦对她很感兴趣,没有对她表现出攻击性,叫她的名字。他还说,因为婴儿在夜里哭,这段时间他和弗朗索瓦一起睡觉,留下妻子和小女儿在一起。我觉得这种安排有些奇怪,但还是决定什么都不说,以免影响这位幸福的父亲的心情。在会面时,弗朗索瓦用自己的方式又对我说了一遍这件事。他让我画一个爸爸,他自己将脸涂上蓝色,眼睛、鼻子和嘴涂成黑色。我问他是不是图画中的爸爸有让他害怕的洞。他重复"害怕",在爸爸旁边画了一个孩子。

然后,他画了一条线连接爸爸和孩子的手,又画了连接手臂的线,然后是嘴,最后说:"睡觉。"于是我想到他父亲对我说的话。我回答他说,我知道,这段时间他和爸爸一起睡,我又说,这可能让他既高兴又担心,因为他不知道为什么爸爸不再和妈妈一起睡觉。他看着我说:"是,不再。"于是我问他,他是否希望我对他父母说这件事,让他们对他解释发生了什么。他看着我,又一次说:"是。"

分开?是!

六月末的时候,弗朗索瓦要跟着自己的训练师去进行为期一周的住院治疗。因为很多原因,这段分开的时间很有趣。一方面,可以让训练师完全负责孩子,观察他们的睡眠和苏醒行为。另一方面,分离会使这些孩子经常表现出不同的表情和行为。最后,我们可以衡量孩子对分离的承受能力。训练师回来时说弗朗索瓦很安静,睡眠和吃饭都很好,一直表现出对尽可能自主的渴望。

在这次住院治疗之前的最后一次会面中,我让他想到我们即将分开一周。他拿起胶带,打开我办公室的门,从外向内粘上一条胶带。我对他说,他大概是想让外面和里面彼此相连,好让我不要在他不在时忘了他。他立刻看起来有些担忧,关上门,说:"关。"然后他从床上拿出"爸爸"和"妈妈",分别放在安乐椅上。我问他,他之所以将他们分开,是担心他们会在他不在时制造一个宝宝吗?他重复"宝宝",打开妈妈玩偶,在里面放上一团橡皮泥,然后关上,我将其理解为,他也害怕在这里被另一个孩子取代,他渴望我在自己身上好好保存他,只保存他。他拿起胶带,让我关上小房子的窗子和正面,像是为了保护它不被侵入。他说,"再见",然后离开了办公室。

他回来时,冲向小房子,一边说"妈咪""阿索",一边认真观察房子内部,就像要确认,他不在时什么都没有消失。他重新拥有自己的领地。他打开水龙头,说"流,里面",关上水龙头说"关水"。他把一条胶带粘在盥洗盆边上,要求我写字。我只写了他的名字。他又获得了自己的地盘,他很高兴。

快到暑假时,会面的气氛改变了许多。这时弗朗索瓦所做的一切真正有了有趣的差别。他不再真的焦虑,而是假装焦虑。因此,他获得了假装的能力,他使用这种能力模仿过去使他难过、使他生气或使他有攻击性的场景。以下是我完全记录下来的一次会面中的例子。

他先走向水,回到我身边,摘掉我的眼镜,转身走向盥洗盆,用一个平底水杯堵住盆底,说"流,流",把一个小椅子放在水中,说"椅子",通过把椅子浸入水中再拿出来,组织了一场关于"里面—外面"的游戏。我把手浸在水中,他说"手,里面"。他将自己的手浸在水中,说"我的手"(第一次使用所有格)。水涨上来,快要溢出来。他笑着说"外面",然后放掉盥洗盆里的水。水的排出又让他笑了起来,他边逃边说"水咕噜"。只要稍微溢出,他就拿起毛巾,对我说"擦",自己擦干水。然后,他调皮地看着我,过来在我的衬衫上擦手,同时说"湿妈咪"。他高兴极了,重复很多次这个游戏。我告诉他会面结束了。于是他拿起垃圾桶,在里面装满水,把小房子里的家具泡在里面。我对他说,要用好水保护这座艾米房子,我们在里面玩得很开心。他笑了,从垃圾桶中拿出家具放回到小房子里各自的位置上。然而,他因为床的位置很担心。他想要把所有人分开,但最后,只能不情愿地把摇篮放进父母的房间,同时说着"妈咪"。他把爸爸从"我的"床上拿出去,放在一把椅子上。他把婴儿从"我的"房间拿出去,他放在"我"旁边睡觉的……是小男孩!他看着我,开始大笑。

暑假临近,与之相对应的,是最后几次会面。弗朗索瓦模拟我们未来分离的场面,在这个过程中,他很活泼,几乎没有焦虑。他跑遍走廊,说"走"或"再见",试图拖着我和他一起,陪着他往返于"里面—外面",这两个词他说得越来越好。只有最后一次会面有点困难。他拿起橡皮泥,粘在我凉鞋的所有开口上,试着去遮盖能在我脚上看见的一切。我感到,这些"洞"让他突然想到我们的分离,他想为我制造结实的鞋,让自己得到保障,结实的鞋会将我好好保存在地上。我试着使他放心,对他说,他会在九月份再见到我,我就站在今天这个地方。他对我微笑,同意训练师带他离开。我们互道再见。

假期归来

弗朗索瓦和他的训练师一起在诊所外面等我,候诊室正在施工。他对我微笑,拉起我的手。他惊讶地看着环境的变化,说"打碎,不好看"。我对他解释说,当工程结束时就会好看了,他回答说:"啊好!"一到我的办公室,他就拿起一个娃娃对我说"痛痛宝宝"。他把橡皮泥粘在娃娃眼睛上,说"痛痛眼睛",然后又对鼻子、嘴、耳朵和脖子做了同样的事。我问他宝宝疼是不是因为我们分开得太久。他回答我"痛痛宝宝,眼睛哭,妈咪走"。对我们分离的回忆引起了一种重要的早期模糊记忆!于是他将橡皮泥粘在男孩娃娃的生殖器上,说"不能鸡鸡—尿尿"。我对他说:"哎呀,这个宝宝真可怜,他什么都做不了!"我又说这个宝宝让我想哭。他看着我,去找海绵,一边用水浸湿一边说"湿",回到娃娃那里,把海绵按在娃娃眼睛下面,说"宝宝哭"。他可以将我的悲伤变成他自己的,从前他自己不会掉一滴眼泪,此时能够让这个"弗朗索瓦宝宝"哭。然后他又开始微笑,假装在娃娃头上写字,说"不是弗朗索瓦"。于是我对他说,可能今天他不想当一个难过的小宝宝,而是想当一个大男孩。他去找一只黄色毡笔,看着我的衣服(我穿着黄色套装)开始给娃娃图颜色。他解释说"风帽,套头衫,短裤",然后他拿起一支蓝色毡笔,对我说"蓝袜子"。我陶醉于这些漂亮的颜色,它们就像一层皮肤或漂亮的衣服一样覆盖住娃娃。于是他拿起箱子中的衣服,给娃娃穿上,说:"不是痛痛宝宝,是漂亮阿索?"我再次狂喜。他走向自己的桌子,拿起一张纸和一支毡笔,说"画爸爸"。我问他:"谁画,你还是我?"他回答说"我"。然后,画好一个"妈妈"后,他说"画爸爸,妈妈,阿索"。我重复刚才的问题:"谁,你还是我?"这次他回答我说"你"。然后,图画一完成,他就拿起来,自己整理在文件夹中。

第二天,他拿起一支毡笔,边写边说 A、E、I、S,然后他画了一个妈妈,让我写妈妈,学着写 M、A,又画了爸爸和弗朗索瓦,让我写名字,再自己照着写。

这两次会面充满感动。弗朗索瓦从假期回来时长大了,也增加了对自己和他人的信任。

他为自己重建了世界,接受了过去的痛苦。"你"和"我"终于出现在他的词汇中,证明了他的区分能力。尽管助动词还没出现在他的话语中,但他已经有造句、通过感觉到的言语表达的意愿。图片和文字之间的关系已经产生,他对理解和学习的渴望此时已非常明显。

最后……

可能弗朗索瓦最大的变化在于,他可以与他人远距离保持人际关系。他既不会紧贴着别人也不会心不在焉,而是以一种相对恰当的方式交流。此时他知道"罐子"有一个底,人是一个容器,准备好迎接并保存外部世界、交流的世界带来的一切。黑洞不再是使他焦虑的怪兽,有天他为我画出了黑洞(见图 5.15)。他能够记录一种情境,去分析它,如果这种情境适合他,他会有分寸地去复制。他不再被封闭在刻板症中,失去感觉。他离开了这种沉默和表面无动于衷的保护层,正是这个保护层使他既无法给予也无法接受,使他无法表现出任何关系的雏形。他曾经就像一个平面,一切都会在上面不停滑过,而此时他成为一个容器,通过注意力带来内容并整合这些影响。

图 5.15 "黑洞怪兽"

自闭儿童将对消失的恐惧固定在一个介于生死之间的空间里,正是这点使他们偏离正路。因为,面对他们生长的**无人之地**,这片既没有路标也没有目的的领地,一个试图去理解他们的会说话的人总是感觉自己很突兀。他们确实不是故意这样的,但是他们总是与我们所想到的事情相反。我们觉得他们心不在焉,他们却很专心;我们觉得他们听不到,他们却能听到;我们认为他们无法理解他人的言语,而他们能够理解。他们的意识状态被隐藏起来,我们永远不知道自己处于何处。必须持续从虚假中分辨出真实,从未被感觉中分辨出感觉,不被他们表现给我们看的"骗人的表象"操控。我脑中想到的形象是一个房子的正面,真假门窗紧并排陈列。从哪里进入这所房子？对弗朗索瓦第一年精神治疗的总结说明了这些。他需要大量时间才能建立其他孩子几个月、甚至几周就能获得的机制。自闭儿童的发展需要在显微镜下衡量。他们的发展充满了偶然,好的或糟糕的时刻。但是,当我们很幸运,就像弗朗索瓦的情况一样,能够看到关联与交流之路被打开,发展就是值得的。治疗工作最终在于,使他们自己意识到那些残缺的机制变得无用,使他们在弗朗索瓦所表现出可怕世界中找到方向,之前他只能在这个世界中盲目地转圈。与恐惧相反,焦虑是没有形象的,也没有客观动机。弗朗索瓦曾被固定在这种焦虑中,找不到出口。在治疗过程中,我引导他看镜子中的表情,帮助他在混沌中确认并分辨出了自己的感觉。

我们可以思考,是否可以将解释作为一种调节。面对她的消沉,我向他表达了一些我自己的感觉。但这难道不是每个妈妈对自己宝宝所做的事情吗？弗朗索瓦的自闭情况曾阻碍他为自己建立早期关系,他无法克服早期的恐惧,也无法接触外部现实。他的内部经历仍然是对黑洞和无法建立的关联的体验。因在一种非象征性机能中；他什么都无法建立,行为处于一种无个性的重复状态,其中看不到任何建设性的重复。自闭儿童无法自己建立任何东西,他总是在"摆脱"。刻板症就是这样产生的。他用刻板行为缓解焦虑,但事实证明,这只有负面作用,因为刻板行为会造成回避和封闭机制,切断孩子与现实的联系。

弗朗索瓦逐渐感受到并能够阻止我所给予情绪和渴望。我们在此遇到一个弊病,终于能够快乐,能够彼此理解,但这可能使孩子放弃言语。治疗的任务在于,通过逐步感受挫折,使孩子想要更好地表达自己。与妈妈"很好地"理解来鼓励孩子含糊不清或特别的语言一样,心理治疗师能够成为一个神奇的客体,他可以理解一切,可以看出头脑中的想法。这当然不是治疗的目的,与之相反,必须努力使孩子走出通往个人密码的海角,走向通用的言语。所有人都有早期幻想,但每个人的表达方式各有不同。弗朗索瓦也是一样。他逐步选择自己的表征物品:胶带、橡皮泥、水龙头、水……但是,如果我们没能逐渐赋予这些物品一种他和我都理解的意义,它们就不会成为用于交流的物品。因此,这些阶段分别重组分散的意义,整合关联和交流,然后理解象征和趣味。这些相继的阶段使他向一个空间发展,他能够在这个空间中建立情境,重现自己的沮丧、愤怒和绝望。在这种情况下,重复产生了意义,不再将他封闭于抑郁中,反而能够帮助他克服抑郁。

我们可以总结,最初几年对这个自闭孩子采用的治疗方法是复杂的,这些方法既丰富有单一。一切都取决于我们将其放在何种主线之上。如果我们局限于这项工作极端重复的一面,我们可能很快会陷入烦恼与消沉之中。关键在于心理治疗师能力的大小,他们是否重视孩子交流方式最微小的改变,能否保持想象力和创造力。我们可以将自闭症的表面停滞状态比作覆盖着乌云的天空,我们认为它是静止的,但其中难以感觉的变化可以奇迹般地带来蓝天。鲍勃·威尔逊的戏剧可以作为另一个例子,在戏剧中,缓慢的活动最终可以导致神奇的环境变化。

在自闭儿童身上,一切都是难以感知的,不存在突然的奇迹。但通过叙述治疗过程,我们可以去衡量实施的方法。如果在这个过程中，小患者的家人没有陪伴在侧，如果家庭没法接受孩子进步的缓慢，自闭症患者的发展将会有更多问题。但当那些一直承担自己孩子的家庭对于这种微小的发展与我们有同样的看法时，我们确实对他们提出很多要求。对于这些家庭来说，这种缓慢的进步对日常生活毫无改变；然而，我们应该认识到，正是这些构成变化的微小纤维，渐渐使孩子立足于现实，这些"纤维"能够支撑大厦的主要房间，帮助这个孩子承担他的全部人性。

第六章
今天的弗朗索瓦

故事的后续

1995年,弗朗索瓦7岁。于是我写下了我们共同走过的五年精神治疗过程。首先出现碰触,然后是视线,最后出现词语并开始有条理的言语表达。

最初,日间医院全天接待弗朗索瓦;然后,渐渐地,我们尝试与部分幼儿园时间结合;最后,在两年以后,他完全进入了小学一年级。他还是很少说话,他的声音与身体不符,十分低沉。他只能理解简短的、与直接背景相关的句子。他没有抽象能力,无法理解任何与感觉相关的暗示。

今后我们会看到,由于这些困难,某些现在对他而言还很难理解和控制的情境,会对他的人际关系能力造成多大的干扰。

进入一年级时,幸运的是,有一个专门的老师负责弗朗索瓦,她知道首先要考虑他能做和不能做的事。只有脱离一切使他焦虑的环境,学习才有可能。我们二人讨论了很久,哪些情境或词会对他造成回避行为或恐惧危机,在这种情况下他会抽泣,会手舞足蹈,就像被完全关在恐惧之中,无法去面对。甚至不如他远未掌握必要词汇的时候,他无法表达这种恐惧危机。这种表达能力不单加重他的焦虑。他面对着一个真正的恶性循环。

我们现在知道,特别是在那些完全失去言语的孩子身上,暴力危机会多么严重。其主要原因是,这些孩子没能拥有使别人理解自己的工具。如果我们想缓和这些危机,就必须使他们获得这些工具。

不是因为无法理解其周围环境,孩子才没能拥有内部世界,他才没有疑问、没有需求、没有感觉、没有情绪和幻想。我们要探索一切可能,使他们能够自我表达,面对这个组织不足或无组织的内部世界。对于这个世界,我们最初几乎无法理解,这使得我们更难向他们提供帮助。

以下这件小事可以作为例子:

> 在一个冬天的上午,前一夜下了大雪,弗朗索瓦通过教室的窗子看着学校的操场。他可以看到,学校的院子一片白色,平整得就像自己家的院子。弗朗索瓦被这片白色吸引,不停地与老师说起这些。午饭后,一回到教室他就冲向窗子,再一次欣赏景色。在饭后的课间休息过程中,孩子们踩到了雪;雪现在变成了灰色,上面有很多洞。如果没有什么能表达他的恐惧和绝望,该对这个孩子说什么呢?

有两天的时间,他在学校什么都做不了,甚至拒绝去上学。我们一起解决这种恐惧之后,他才平静下来。我对他说,这片神奇的白色使他想起所有白色的好东西,比如妈妈给自己宝宝吃或喝的东西。看到这些漂亮的雪满是洞,对他来说,可能就像"妈妈的东

第六章 今天的弗朗索瓦

西"不再坚固,会被打碎然后消失。于是他拿起奶瓶,让我装满,躺下闭上眼睛,拉着我的手,开始喝。

弗朗索瓦重读了他的一年级。他获得的能力仍然很不协调。他开始认字,但还无法写字。拼写成了他最新的烦恼,连语音几乎无法超过它,词语似乎只是彼此无意义地"站"在一起,阅读对他而言成为一种真正的破译工作。

最终,除非能跟随线的走向,否则几个词就可以占满整页纸。计算,当建立在具体数据的基础上时,对他来说要简单许多。他继续画画,对于这个年纪的孩子来说,他画得非常好,他更喜欢和他的毡笔待在一起,而不是与班级的其他孩子接触。我们会在另一部分内容中看到,时至今日,对他来说,要理解某些心理、动力或语言中的微妙,图片手段仍然必不可少。

在我们的会面中,他总是转换角色。他是校长、医生或老师,还有我,而我成为弗朗索瓦。但这些翻转的情境与这个年龄的孩子常玩的象征游戏不太一样,而在于建立一个控制的情境。对于弗朗索瓦来说,这表达了理解人际关系情境的企图,在现实之中,他还无法理解这些人际关系情境的意义。同样还有两代人在等级或能力上的区别。

他曾经因为耳鼻喉过敏问题接受集中治疗。在此期间,他扮演医生,但是由于他还不会写字,我(扮演病人)必须开处方。同样,当他扮演老师时,我应该写字,我在家中学习。

有一天我感觉到他并不是在扮演人际关系,而只是在表达他不能写字的痛苦。因此,在一次会面时,我拒绝了他的要求,让他自己写字。他开始生气,将我办公室中所有的纸都扔在地上,愤怒地踩在上面。于是我用一个小女孩的声音将的他的行为表达出来,我不想写字,因为太难了,我觉得如果没人帮助我,我永远也做不到。他摔上门离开。

尽管被这一危机动摇,我还是决定不让步,不帮他写字,而是拼读每个词。从这次会面开始,他自己写处方和需要学习的词,最后……他在拼写方面取得了进步。并不是我的不妥协帮助了他,而是我发挥了辅助自我的作用,表示出我对他的信任,这种信任是他自己还远远未曾拥有的!

接下来的一年,弗朗索瓦进入了二年级。他在这个班级待了三年,按照自己的节奏慢慢进步,令我和他的正音医生十分惊讶的是,他提出的问题十分新颖,大多数关于多方面自然学科:季节、动物史或者关于大陆和同温层。但我意识到这些提问的强迫性与重复性。我们意识到给出了恰当的回答,而下一周,他又会问出同样的问题。我们同样还意识到,弗朗索瓦操心的事(无论他是以何种方式表达的)完全不是他这个年龄的男孩所关心的,他还是和班级里的其他学生没有任何关系。

弗朗索瓦12岁时,我在二月初接到了学校心理老师的电话,直到那时,她还没有对弗朗索瓦进行过心理干预。我认识她多年,她的能力无需置疑。她既激动又愤怒地对我说:"艾米女士,弗朗索瓦在二年级干什么?他已经达到了五年级的水平,二月份的假期之后应该让他去五年级,九月开学时他应该去读初一。"

就这样,弗朗索瓦只读了三个月的五年级,在九月份进入了一所很严格的初中。尽管我们努力想为他找一家人数较少的学校,但太晚了。尽管他达到了相应的学习水平,但他受限制的行为和单调的表达方式对他十分不利。

一开始,弗朗索瓦完全被孤立。没人跟他说话,除非是为了问

第六章 今天的弗朗索瓦

他是否是"疯子"或"傻子",或者为了叫他"胖爸爸"。这个时期弗朗索瓦很胖,针对其外表和行为层出不穷的辱骂使他十分沮丧。在精神治疗的会面过程中他经常哭,我问他是否是疯子,这种说法从何而来。他不停地重复:

"为什么我和别人不一样?我很笨,我不知道他们在说什么。"

但他不明白怎样维护自己,他的正音医生和我十分担心。"为了瘦"他沿路跑过来,满头大汗。他开始要求我教他体操运动。他还开始向我展示自己会做俯卧撑,渐渐地,他最终变瘦,瘦得像一具骨架。很明显,他并没有觉得自己比之前胖的时候瘦了很多。只是他所听到的看法让他想要改变外表。这时他瘦得惊人,自己却没有意识到。人们继续问他是疯子或是傻子,却不再说他胖。

除了提出的问题,我们会面的主要内容是编舞,这是体操课上要求的,我和他一起根据他的画跳舞,他将这些变化画在很多粘在一起的纸上(见图6.1),这些画主要用于使我理解动作和连贯性,他自己则用来整合这些编舞。这种情况使他绝望,因为他必须两个人一起跳,而他的"女舞伴"被他的笨拙惹怒了。我也必须组织一些对话,在这些对话中我是一个向他提问题的伙伴,他会脸红,通常会打断讨论,困难地

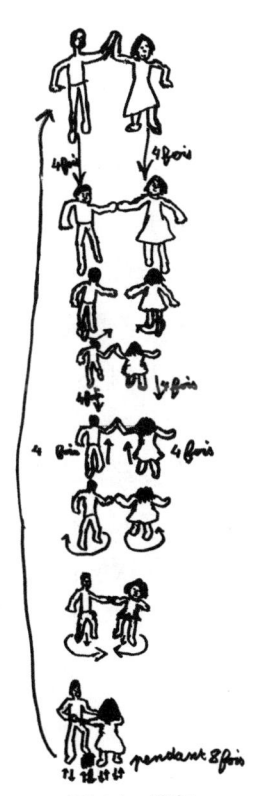

图 6.1 编舞

回答我：

"我总是一个人，因为我不会说话，我不知道说什么，你教我交流。"

班级里的孩子继续把他当成傻子和疯子对待，他开始问我，为什么他是笨蛋，为什么会这样，于是我决定给他讲他的故事。我向他描述了曾经的那个小男孩，与他认为的相反，他很聪明，这种聪明将他从封闭中救了出来。

一天，他待在我办公室的小盥洗盆前，把手指放进排水孔中，对我说：

"你知道吗？我曾经非常害怕在你的办公室里看，是因为水流时有这个黑洞，但是其他地方也有黑洞。"

然后他问我，他这是什么病，迟疑了一会儿之后，我问他是否听说过儿童自闭症，并为他写出来。他沉默了很久，然后只是说："是的，我曾经是自闭症。"

在下一次会面时，他问我，他的自闭症从何而来。我回答说在这方面我们并不了解，于是他对我说："你知道在我出生前妈妈有过一个死去的孩子吗？"我很确定地回答说："大概你是觉得，妈妈和你是如此害怕，以至于你不能也死去也不敢活着；你感觉自己处于生死之间的状态，以至于不应该动？"

又一次漫长的沉默之后，他对我说："可能我对黑洞的害怕就是这样，我害怕消失。"

尽管他一直很沮丧，弗朗索瓦的初一阶段非常令人满意。他甚至写了一篇侦探小说，这篇小说使他得到了语文老师的夸赞。然后他成为了班里一个女同学欺负的对象，这个女同学对他做了很多恶作剧，甚至包括为她在超市里偷东西。尽管他很焦虑和有

第六章　今天的弗朗索瓦

负罪感,他还是没能结束这种状况。他母亲不得不介入,负责老师使用必要方法使那个女学生不再纠缠他。但这个生活片段使弗朗索瓦十分悲伤。第一次,有一个女孩想要跟他交流,他很高兴,因为他不明白这种人际关系有多少影响。这第一份被期待的友谊使他遭到令人恐惧的束缚,这种束缚使他极为焦虑。

初二结束时,弗朗索瓦14岁,一天,他要求我写出他对我说的话。这是一种既有趣又令人感动的情况。他说话,眼睛注视着我,却不是真的在看我,然后不时要求我读一遍写下的内容,修改某些他觉得不太清楚的段落。他从不问我的意见,我感觉他在对自己说话,我只不过作为他内部缓慢进展之外的记录员。

弗朗索瓦以这个要求结束了十二年的治疗。我退休了,在退休前很长时间就帮他做好了心理准备。奇怪的是,这是唯一(一年来)询问我的年龄、什么时候退休的孩子。我认为这是一个非常大的进步。在提出这些问题时,弗朗索瓦表现出他终于感觉到不同代之间的区别,他能在我的脸上看出衰老的迹象,这些迹象使他很担心,向他预示着我们的分离,在他身上出现对死亡的忧虑。

因此在这一时期,他经常想起祖母的死亡,他向我提出问题,关于什么会引起死亡以及死后我们会变成什么的问题。在一个基督教家庭中长大,他知道只有肉体会死亡,灵魂要等待最后的审判,但他很担心,在等待的这段时间灵魂会做什么:它们会看见我们吗? 会听见我们说话吗? 它们在哪? 它们害怕这种最后的审判吗? 和别人不一样的人会被如何审判,即使这并不是他们的错误?

当他向我提出这些问题时,我向他解释了这些问题的意义,试着去鼓励他自己去寻找这些疑问的根源,也就是:我离开,假设我的死亡和他像其他人一样会经历的困难。最终,有一天我问他,我

的离开是否使他十分担忧,他是否需要我向他推荐另一个能够陪他说话的人?他思考了很久,然后对我说:

"不,我和你已经说了很多话,我不想要其他人,现在我必须和同龄的孩子说话。"

因此,我向他推荐了一个戏剧疗法小组,在那儿他需要和其他5个青少年一起表演。我不得不在很多次连续的会面中向他解释这个方案的目的和内容,最终,尽管很焦虑,他还是接受了。

开始的时候很艰难,组织这个小组的同事非常担心,弗朗索瓦无法大声说出一个词。他待在自己的角落里,红着脸,流着汗,却不会放过任何细节。然后有一天,他提出要演一场戏,非龙套。他成功地承担了自己的角色。在后面的内容中,我会更详细地讲起这个令他受益良多的小组。

弗朗索瓦的话

"妈咪教我交流,像其他人一样说话,思考。我有想法,但是我无法表达,我无法说出心中的东西。我试着思考,思考,但很难说话。我不明白怎样像其他人一样反应,我很害羞,我不想说出自己的秘密。我不知道其他人会怎么说。可能我变了。现在我能看见别人。可能他们不会对我说脏话。

现在我让自己走得稍远一些,我表达得稍微多些。其他人,他们说我说得还不够。安托瓦纳,他把我当作朋友,但其他人认为我是傻瓜、笨蛋,因为我和他们不一样。我没有他们的举止,我不会说'酷''留着你的手撒尿''操你妈'。我需要思考。我想得很多,想一些不可能的事:我的体重,太胖,太瘦,太过小心,我不想再那么小心。另外我进步了,我说:我不在乎,就这样!(没有过渡,他又回到了自己的体重问题)秘密就是当我太胖时,我每天在房间里骑30分钟自行车。必须做运动,每天早晨跑步,饮食合理,不管怎样,我都会成长。不应该忘记成长,现在我想要不在乎,但我总是去想。其他人,他们想其他事情。我想的是我的体重,我想得太多了。其他人能想其他事情,我不能。

我需要更加能'讲出来'的主题,需要别人给我出主意。我想要停止去想。我想思考其他东西,像其他人一样。在某个时候,我总是想到女孩,现在我不再想她们。我会等待,同样,现在想到女孩,我也会脸红。是我的心在指引。"

我打断她,问他:"当你想到女孩子时,你在想什么?"

他回答:"我不知道,嫁给我,生小孩,我想到这些不可能的事情,不可能一切都完美,胖,瘦,正常。我不可能正常,我不知道其他人是怎么成功做到这些的。

同样,我总是很忙。时间,对我来说走得太快。我收拾上课用的东西很慢,每天(沉默)……思想,很难,声音很容易。记住东西很难。我学不会诗歌,课程也一样。我有个短暂的记忆。一切都被忘记。有一些东西留下来,但不是全部。

其他人,他们会调皮而我不会,他们会高兴。其他人,他们有很多好朋友。人们说我不太想和别人说话。我试着找到想法,但是我做不到。我不能说出心中的东西。(不能说)我经历过的东西。我试着去说一些不太重要的东西。

我很晚才理解词语和老师(他敲着自己的头),其他人,他们很容易做到这些。"

他停下来,看着我的羊毛外套,说:"没有针织上衣也没有大米,没有泡沫也没有小麦,我织了一条娃娃的裤子……我会使用自己的手,但比别人晚。其他大脑比我理解得多,我不太能够理解其他人的故事或小说。连环画里有图片,我能够很好地理解:丁丁,纸莎草(他记住了这些),我还认识151只口袋妖怪……丁丁让我发笑。"

他笑着给我讲开门的一段,阿道克船长摔倒,摔碎了自己的烟斗,然后他接着说:"班级里的其他人,他们认为我是傻瓜,因为我不说话。他们还说:'他只能想到学习和吃饭',我听到了他们说的所有话,我听到了发生的所有事……我思考了很多,关于未来,关于应该有一个房子的穷人,就这些,我结束了,帮我重读一下最后一页。"

我读完后问他是否担心以后没有房子。他回答:"想要有房子,需要一个职业,需要结婚,对我来说是不可能的。"

我们的最后一次会面他没有来,而是给我打电话,告诉我他之前忘了。我向他提出另外一次约会。这次他来了,但很沉默,最后他向我宣布:"你看,我没有要对你说的话了,所以我走了,再见。"

他同我握手后离开,匆匆看了我一眼,然后转身,跑向出口。

这句"再见"使我想起无数次的会面,在这些会面中,他向我伸出手,却不看我,我拉着他的手,直到他放开我,至少,匆匆一瞥。这个小程序成为一个游戏。有时,他粘在我面前,摇着我的手,过分讲究礼节甚至有点滑稽地对我说:"你好!艾米女士。"但经常,他看着我来找他,看一眼挂钟或手表,以确定我是否准时,我一走近,他就冲向我的办公室。他等我关上门,转过身后他向我问好,

第六章　今天的弗朗索瓦

我站在他面前,轻轻抬起他的头,等他看着我,我回应他的问好。

思　考

这次精神治疗教了我们什么?

这次治疗强调了自闭症患者精神与心理组织的可能发展,和某些人际关系障碍与交流障碍不可逆转的一面。很明显,弗朗索瓦来自自闭漩涡的底部——不看、不听、不碰触、没有言语——但他的发展是惊人的,他的智力得到了极大保护。然而,正如这篇文章所显示的,尽管很努力,弗朗索瓦无法自发接触班级里的孩子。尽管他的心理表象是正常的,但他的驼背,缺乏表情的脸,逃避的目光,低哑的声音,都使他显得很古怪。

此外,他回答别人问题时的延迟,强迫性的思维以及"风马牛不相及"(我们在文章中经常可以看到他从一个想法跳到另一个),以及他看似向后或向前推进的忧郁又担忧的方法,都使他给其他孩子一种奇怪的印象。他们害怕他,因为他们不理解他。这导致他们不停地攻击他。

因为像其他人一样,他自己也表现出一种真正的不理解,所以他更加难以应付这种情况:

"我胖,我瘦,我很小心,我不知道……我不明白其他人怎么反应……其他大脑比我理解得更多。"

正如我在第二章写的,投射和内投机制能够构建我们的身份。当认知学家说到"精神理论"时,他们在对于投射性认同的理论假设、甚至对形势的评价中意见趋同,例如比昂对此所做的描述。婴儿学习通过母亲、父亲的目光认识自我,内投他们的情绪、感觉、感知,使之成为自己的情绪、感觉、感知,再投射到亲近的人身上,这种能力使他们认识到自己和外部世界。更广泛地说,他们需要与周围环境接触,需要整合不断增强的自主性和相继出现的分离。这样建立起自我,有别于他喜欢或讨厌的客体的自我,一个将自身行为与他人行为、自身思维与他人思维、自身语言与他人语言稳定连接的自我。精神理论的缺失表明,这些自闭人群在整合这些机制方面多么困难!

一开始,我们可以确认弗朗索瓦身上有多少缺失,他没有与他人建立关系的自发能力。作为被封闭在自闭保护层和自给自足中的婴儿,然后是幼儿,他没能整合周围环境中的任何东西。与之相反,他保护自己不受那些害怕的东西的侵袭:这样,他失去了由对自我和他人关系的顿悟或更新体验构成的整个幼儿阶段。

现在,他还需要学习这一切。没有什么是自然发生的,对于一个情境或一段话的理解仍然是需要分析的主题,这种与他人不一样,不是正常人的感觉还在他身上持续。他活跃的智力向他展示了这些区别。这些区别使他焦虑沮丧。但他对此毫无办法,因为他无法理解这些区别的根源。他的文章再次向我们说明了这点:

"我没有想法,我没有他们的举止,需要人们给我想法,我必须找到更能说出来的主题……我想要想些其他的东西,我想要像其他人一样思考",以上我们可以总结为一句主旨:教我交流。

弗朗索瓦还向我们展示,没能掌握外部世界,他怎样通过强迫性话语为自己制造一个依附。我认为这点在他能够组织句子之前就出现了。在我们会面的过程中——还未出现言语模仿——他能够不停重复一个刚刚出现在其词汇中的词语,就好像他无法离开

第六章　今天的弗朗索瓦

这个词，对他来说，这是掌握、理解这个词，不再丢掉这个词的唯一方法。我们经常听到自闭儿童的父母说："他说某个词，然后他不再说这个词，就好像这个词消失了。"弗朗索瓦的这种语言强迫可能是为了与恐惧做斗争，他害怕他的词语消失在"黑洞"中。然而，从一开始我就没有把这种重复等同于言语刻板症，因为我意识到它们是在场的，不是为了切断与他人的联系，而是为了不失去他词汇中的新元素。

然后，向他的老师、妈妈、正音医生或者我提出的问题出现了。对于他的对话者来说，这种言语依附令人筋疲力尽，甚至令人气馁，因为，很明显，这些问题的持续重复出现与弗朗索瓦对我们的回答的理解无关。我们知道他理解了。但我同样知道，这个或那个问题成为缓解某些焦虑的必要依附惯例时的巨大风险。这种惯例，会成为言语刻板症，与重复词语相反，它几乎会切断人际关系的发展，就像幼儿的动作刻板症那样。

通常，在正常回答了问题之后，在找到可能的解释之后，为了不使自己陷入这种言语刻板症之中，我会努力改变这些已经程式化的句子，比如，将他的"为什么"转化为"怎么"，或者将他的问题与另一个客体产生联系，又或者将问题普及化。但有时，用语言向他表达这些反复的问题使我多么担心，我感觉他像抓住救生圈一样紧紧抓着这些问题，是为了逃避或否定我的存在以及我的话语，我向他提供了依附和交流的另一种形式。我拉起他的手，让他在办公室中来回穿行，使他想起这个环境和这些物品之前在我们共同的故事中所扮演的角色。

如果他愿意，我们会在走廊里散步。然后，由于他将我的手抓得太紧，我对他说，他不必担心我消失，因为他如此害怕自己的思维和想法也会消失。通过为这个重复的环创造一个开口,我常常会使他平静下来。有时某些非常使人焦虑的情况会使这种重复再次出现,一切都要重来。

现在,对于弗朗索瓦时至今日还在经历的困难能说些什么?他的时间表征非常混乱,尽管他经常看表,却还是经常需要跑起来才能准时到达不至于迟到。这种对时间的不良管理与他的缓慢相关,也许是由于持续的犹豫,使他成为班级同学嘲笑的对象,因为他常常无法完成作业。

弗洛伊德说无意识不懂时间。当自闭儿童显示出在管理与现实的接触、管理空间和时间方面的巨大困难时,我们只能再一次看到,他们仍然依赖于占优势的无意识机能,可以说是切断了意识的入口。

自闭性焦虑的某些影响还阻碍了弗朗索瓦的一些学习,他的正音医生不得不与他一起深入研究某些文章或数学问题,将数据转换成具体的例子,以便于他理解。

当他说(我们可以在他的文章中找到这句话):"我想到这些不可能的事情"时,我认为他很清楚地描述了自己在情感上理解某些情境的能力不全。这使他像某些心无挂念的人一样独自生活。他还抱怨自己无法体验别人所体验到的东西:"其他人,他们会调皮,他们会高兴。"这种从未体验的内部感觉可以在他的脸上看出来,他还是面无表情。需要我煞费苦心才能使他大笑或微笑。随着年龄的增长,他的表情反应变得极少。

所有这些观察向我们清楚地说明了,弗朗索瓦距离自我认识和情感定位还有多遥远。他描述了那些确实在他身上引起强烈情绪、正面或负面情绪的情境,但我如果我问他你当时是什么感觉,他无法用语言表达。

最后,我们对于这个青少年身上出现的性欲有什么看法?在他谈论自己的生理反应、女孩或者爱情的方式中,有一些很明显的东西。他说起自己的勃起时,对我说:"我知道它完全变硬了,妈妈对我解释过",但冲动、渴望对他而言仍然是陌生的。关于爱情和女孩,他说这是"结婚,生小孩",当听到这些时,我感到,他还不能使自己处于既属于生理又属于情绪的环境之中。的确!他描述!他诉说!但无论是他的描写还是叙述都没有主题。尽管他让我写"当我想到一个女孩时我会脸红",但我从未见他脸红过,除非是在他跑完步喘气时!

正音医生的建议

关于弗朗索瓦的章节向我们充分表明,这个孩子处于我们所说的高功能自闭症患者的行列。然而,叙述他的发展对我来说非常有趣,可以使我们通过他持续的困难确认,一方面,哪些自闭症状在他成为青少年后继续存在,另一方面,认知与情绪的混合交错。

为了更好地展现以上方面,首先,我想借助于他的正音医生与其会面过程中的发现。弗朗索瓦对我说起这些会面,他在电话中对我说:"我需要!"这点可以更好地说明正音医生针对自闭儿童所能做的工作。

在第二部分和结论中,我将话语权留给两位心理学家和一位精神运动训练师,他们组织了接收弗朗索瓦的戏剧小组。

在言语矫治方面,会面的主旨经常是应弗朗索瓦的提出的要求,这些要求往往与管理学业相关。学校的节奏对他来说仍是极大问题,他经常重复这句话来表达这种困难:"在世界中我很小。""小"这个词意味着什么?很明显,这不是一个身材方面的问题,而是其他。弗朗索瓦没有任何记录情感的词语可以用来表示精神状态。当向我们讲述他感到与班级同学差距有多大、与别人不一样使他多么难过或愤怒时,他完全无法使用表示情绪的词语。

他还是很难将自己的精神状态与对现实世界的感觉联系在一起。对与自己直接相关的东西,他只能使用具体的语言。尽管他现在的词汇量已经很大,但语言仍然很贫乏,因为他就像被剥夺了交流的一个主要部分:情感交流。

由于这种在吸收与整合言语参数方面的困难,他无法本能地即时理解别人的话,由此浪费了大量的时间。因此,还需要在言语矫治的会面过程中做大量工作,来联系迂回、形象和分析。他几乎无法理解抽象:能指仍然紧靠在原始所指之上,需要通过一个具体的角度才能理解别人对自己的要求。

因此,在他很小的时候,我们在他对词语的记录中,发现其与客体的关系方面的问题,也就是泛化机能不全。每个词对他来说只有唯一的意义。当他使用——对自己——"小"这个词时,不可能是在对自己使用隐喻,这个词并不在隐喻的意义中,而是在他对自己的看法中,他自己与那些"大"的其他人相对,因为其他人能够理解别人的解释。

有两种方法在缓和这些困难方面很有效。

一种方法,**戏剧化**。扮演(也许是不可逆的)一种情境或一段抽象复杂的文章中的角色,可以使任务对他来说更轻松,他能够在这个既包含身体又包含语言的游戏中,为得到的信息找到具体的

第六章　今天的弗朗索瓦

表征。

另一种方法,将言语转化为图像。为了帮他更好理解词语的隐喻意义,正音医生使用了阿兰·勒松(Alain Le Saux)的书,《爸爸告诉我他最好的朋友是青蛙人》(*Papa m'adit que son meilleur ami était un homme-grenouille*)。在这本书中,每一页都配有插图。例如:"爸爸对我说,妈妈每天看完[1]一本书"。这段文字配有一幅图画,画着一个贪吃的妈妈用力地嚼着一本厚厚的书。这个游戏在于要遮住图片读句子。然而,只有看到图片弗朗索瓦才能掌握这个句子象征与隐喻的一面,才能够掌握阻碍他理解这句话的双关词。但通过多次练习,他的正音医生发现,他很快会忘掉之前"好像"理解了的东西。

我们可以参照自闭儿童最明显的认知病理。这种病理包括连接一个物品与一个图像、连接一个图像与一个词方面的问题。然而,一旦这种三重标志得到建立,词语就无法与原始物品和图像所提供的支持相分离。这种与图片的结合,使对物品和词语的推广变得更加复杂。

这种与视觉的结合有时会使一些孩子在写字、甚至说话之前就会阅读。正音医生会告诉我们,在译码与编码之间(读和写)总是存有差距,实际上确实如此。但我觉得,对于自闭儿童不论是写的词还是说的词总是依赖于代表它们的图像——图像本身依赖于最初参照的物品——并一直依附于这些图像或物品。我常常震惊于他们对广告图片所连结的名字的编码能力。他们能够在准确的广告书法中复制这个名字。因此,文森(另一个自闭儿童)学习写

---

[1] 原文使用了 devorer 一词,本义是吞食。——译注

字,然后由于在地铁中看到的广告,奇迹般地自己理解了音节的连接。这些广告吸引了他的注意,因为里面表现的是他喜欢的食物,Banania巧克力粉和雀巢巧克力粉。但不久之后,他用余光看着我,写出"朋友",但我的照片并未在地铁中!这点再次向我们证明,要使孩子接受抽象概念,迂回方法是多么必要。如果建立在快乐、兴趣和/或感情之上,所有的学习都会更加有效。

对于多数自闭儿童来说,在几乎不可能整合一词多义的同时,还伴随着另一个同样重要的困难,他们无法将一个词的不同功能分类与它们之间可能产生的关系连接在一起。例如分析报纸上一篇解释各种社会活动功能的文章。因此我们让弗朗索瓦去分析一篇与电影相关的文章。要求他去理解在何种情况下,电影会被看作消费、休闲或文化客体。弗朗索瓦描述观影大厅,讲到票价,电影时长与可能的排期表,但他永远无法理解、更不用说去解释除了电影院外,电影还会是其他东西。

在同一张报纸中,他还选择去评论一篇关于巴以冲突的文章。文章和配图都表现出某些记者对于巴勒斯坦方面的同情。老师希望弗朗索瓦试着去解释信息与个人见解之间的区别。但弗朗索瓦无法理解,一条信息能够被记者的政治见解引导。人们会因为个人情绪原因采取立场,这对他来说是难以理解的。

弗朗索瓦表现出持续困难的另一方面与历史相关,因为,尽管能够记住事件年代,他却无法理解某些模棱两可的情况。因此,米拉波既与国王相关又是国民制宪议员,他对这种情况仍然无法理解。混合系统对他来说是不可理解的。于他而言,两种表面对立的行动或行为不可能在共同或唯一的一个方案中得到证实。

如果说自闭儿童无法理解朝向同一目的两种不同行为之间的

连接——"如果你渴了，拿起瓶子，给自己倒水喝"——那么再进一步"发展"，结合两种表面对立的倾向对他们来说也很复杂。总之这里涉及因果关系。从行动到思维——尤其是当二者看似矛盾时——正是自闭人群很难跨越的一个阶段。因为他们实际上未曾经历过偏移现象——内投和投射——这将变得更加复杂。他们很难将自己置于他人的位置上。下文中我们将会看这种认同机制对他们来说多么陌生，以及为何如此陌生。

治疗小组的治疗师

我们现在回到戏剧治疗小组，我停止与弗朗索瓦会面时，他加入了这个小组，并继续了两年。

这个小组是由一位精神运动训练师与两位心理学家组织的。这三人都有将戏剧与心理剧相结合的经验。

小组由八个青少年组成，会面每周进行一次，每次一个半小时，分为三个时间段：

1. 会面以坐下闭目放松开始，然后参与者用语言表达自己的身体感受和第一时间感觉到的心理印象；

2. 参与者口头表达或者写出一个故事，小组成员一起选择一个故事来表演，每个人选择自己的角色；

3. 最后，小组围绕表演展开讨论，无论是针对故事、演员的表演或是引起的感动，每个人可以自由评论。

通过对这三个时间段的简单描述，我们很容易想象出，对于弗朗索瓦来说，每一段有多复杂！在他加入的最初几个月，我的同事们十分怀疑这项小组指令的依据。渐渐地，显露出的能力与顽固的机能不全使弗朗索瓦更好地意识到了自己的困难,能够使他在某些情况下更好地面对这些困难。

此外,我的同事们可以更深入地确认其能力矛盾的一面。

首先,在放松的时间里,弗朗索瓦永远无法真正地放松。他的手脚仍然僵硬地指向内侧,充分证明了他在自由接受内部感觉,以及与自己交流方面的困难。我们深知人际沟通是自我沟通的必然结果,他却无法获得这种自我沟通。然而,第一个矛盾出现了!当他被要求放松时,弗朗索瓦能够展现出"非常惊讶"的表情,完成了"精神运动方面非常微妙的东西"(引号中为同事原话)。但尽管他完成得很好,他却用了太多的时间。他没有"任何身体自发性"。

就好像一个新动作、新行为的出现总是要经过针对之前动作或行为的分析。这就解释了为什么有些自闭患者总是说,对于他们而言,我们的行动太快。我们的手势、目光、言语总令他们迷惑,因为我们的自发理解能力常常使我们说得太多或展示得太多。导致的唯一结果就是使他们变得混乱。

当弗朗索瓦能够紧紧抓住一个愉快的心理印象,却仍然无法理解其背景时,他能够利用自己的身体作为记录图像的本子。相反,当他被要求借助于仍然使其焦虑的早期内部感觉时,他得不到任何支持。无论如何,他必须努力坚持,避免再次面对那些分割、撕裂或瓦解的灾难性感觉。

如果他被要求以不同情绪(愤怒、悲伤、喜悦)重复同一句话,他几乎不可能做到。当情绪没有一个故事背景作为支撑时,表达情绪对他来说是很奇怪甚至是无法理解的事。当处于一个将其置于不会引起忧虑的熟悉情境的故事中,他能够完全把握自己的角色。另一方面,他无法去表演那些会引起某些焦虑幻觉的故事。

在这种时候,他会对角色进行错误的阐释,完全偏离主题。如果我们提醒他注意,他会意识到自己跑题了,但完全无法说明原因。

然而,尽管这项练习有很多困难,情感、身体、心理等各方面相结合的表演需要他付出极大的努力,弗朗索瓦还是很喜欢这个小组,他对我说:

"对我来说这很难,但你知道吗,现在别人怎么想我对我来说都是一样的,因为我有些明白为什么我和他们不一样了"。

我刚刚所说到的持续性困难在很多能力方面给弗朗索瓦造成了损害。在其正音医生的帮助下,弗朗索瓦不得不屡次使用迂回手段完成任务。然而,他升到了初中四年级,我得知他在前两个学期得到了鼓励,最后一个学期收到了祝贺。我为此非常骄傲!

无法说话的孩子

我之所以把本书第六章用于讲述弗朗索瓦的情况,是因为在我从业二十七年的过程中,他代表了自闭儿童的一个例外。他在理解言语方面的进步使他不必借助于其他交流工具。而且,尽管我使用了很多感叹词和手势,对他而言,我的话语取得了意义。

但对于那些无法使别人理解也无法理解我们的自闭儿童,当我们对他们说话时,该怎么办?

八十年代初,我很快意识到,作为一名精神分析师,为这些孩子提供"解释的语言"使我走上了一条错误的道路。首先,我感觉到,通过话语,甚至只是我的声音,我侵犯了他们。我感到在与他们说话时,我将自己置于一种侵入的关系之中。

这些孩子难以区分外部世界与自身内部,他们生活在一个既无限制又无内容的世界中。我感到,于他们而言,我的声音会穿过他们的皮肤,威胁到他们的身体,就好像我的声音能够对这些孩子造成伤害,或者使他们化为虚无。

时至今日,我仍然认为,他人的声音会对一些孩子造成令人非常不安的影响(这些孩子通过紧紧抓住自己的自闭保护层来逃避这种影响),但我同样知道,不只说话的声音与此相关。显然,最应该得到重视的是他们对言语的不理解。对于某些自闭儿童,某些他们无法理解的噪音与他人的话语并无太大区别。在这种情况下,因果关系对于他们来说仍然缺失。

我想起,厄休拉听到汽车发动机启动声时会惊恐地逃走。对她来说,这种噪音与汽车开动之间没有任何关联。我们的言语对于很多自闭儿童来说也许同样被剥夺了意义。

有些自闭儿童认识、甚至能够说出某些词,于是我们可以认为他们获得了对言语的理解能力。但是,随着治疗进展,我们经常会发现,这些出自他们习惯环境的词,失去了所有意义。我们又一次认识到,对于这些孩子来说,学习泛化有多么困难。

同样会出现的问题还有对意义的混淆。我想起让-皮埃尔,他咳嗽了好几周,我们总是同情地对他说:"可怜的让-皮埃尔,你咳嗽得很厉害!"有一天他父亲叫他:"让-皮埃尔,你来,我们大家一起散步(法语中与咳嗽同音)!"你知道他当时怎样做吗?他开始咳嗽!

还有些时候,他们可能会混淆对词语与句子的理解,在动词方面也是如此。有些动词只能与某些名词连用。例如,他们也许能够理解:"拿起毡笔",但却不会明白:"拿起这些纸。"最终,正如我们此前所看到的,他们常常无法将同一句话中表达的两种指令联

第六章 今天的弗朗索瓦

系起来,例如:"拿起这个箱子,将它放在桌上。"

这些在言语理解上的障碍不应限制我们与他们说话,作为精神治疗专家,我很快放弃了言语上的冗长解释。而是持续借助简单的手势与明显的面部表情,尽可能使自己的声音抑扬顿挫,我使用非常简单的词与大量感叹词。常常有家长说,他们突然发现自己不再与孩子说话,因为他们是如此强烈地感觉到自己是在对空气说话。然后,在恰当的情况下重复同一些词,这对于这些词语逐渐产生意义仍是必不可少的。但我们应该时刻谨记,他们可能完全无法理解冗长的句子。因此,我们必须能够缩减句子,只使用那些确定可以被他们理解的词语组合。

很多自闭儿童经常无法理解言语,因而言语不会产生,基于这种情况,我开始思考,怎样帮助这些孩子变得更加自主。作为精神治疗师,我曾经很清楚自己的工作。我能够使自己完全处于他们人际关系的轨迹中,我与他们在一起,研究与这些孩子表现出的如此显著的人际关系病理相关的一切。我也相信自己能够帮助他们更好地理解自身,理解自己的焦虑,理解他们混乱无意识中的一切破坏性因素,但我很快意识到自己在教育他们方面的限制。我没有掌握必要的工具。

正是这点使我开始接受很多教育培训,这些培训帮助我更好地掌握他们的认知功能障碍。当口头言语对他们来说很难理解时,需要向他们提供视觉工具,这些视觉工具能够使他们更好地理解我们,也使我们理解他们。

毫无疑问,于我而言,认知障碍与心理障碍彼此关联。这二者就像灵魂与身体一样不可分割。在对这些孩子进行追踪治疗时,任何二分法都对理解自闭症病理十分不利。

作出结论？

作出结论,是否就是接受知识与方法上的不足？接受在很长一段时间之内还是回答家长:"我不知道?"

我们不能对无法理解的东西下结论。由于对家长及其创建的协会的动员,由于许多专业人士的重视,护理与教育相结合的方法正是需要这些专业人士,未来的希望之光显现出来。尽管还无法彻底治愈自闭症,但这种动员的意志会促使各方面的介入。然而,我们还是很遗憾,现在仍有一些协会反对精神分析,而那些在治疗入侵性障碍与发展障碍上得到良好教育的精神分析学家们,他们一直在为各种机构与家长及在教育方法方面接受过培训的训练师们开展更多合作关系而积极活动。

今天,当我看到那些家长自由地谈起自己自闭的孩子,为他们的权利而斗争,不再因为痛苦与羞耻而掩饰自己的活动时,我感到我们已经跨越了一个重要的阶段。我们可以见到这一阶段的治疗结果。我们已经认识到,家庭精神治疗充分证明了保密与羞耻带来的负面及致病影响。在很长一段时间之内,当精神病科医生向那些家长宣布自闭症的诊断时,他们往往被一种巨大的负罪感所侵袭。这些负面情感会带来灾难性的相关后果。通常，这种疾病会使人们保密、与周围隔绝、放弃亲朋好友，会使人们处于孤独的状态之中。还会因此导致深度退化的家庭状态。我见过一些家长从此不敢跟自己的孩子一起出门。那些愤怒，那些重度焦虑，那些偷偷摸摸，那些逃避，那些偶尔的攻击性（对自己或对他人）使他们处于一个如此焦虑的状态，以至于他们无法忍受暴露在他人的目光之下。他们感到自己被别人评价，坏父母的标签贴在了自己身上。怎样向那些陌生人解释一个对任何指示、任何责备都无动于衷的孩子？怎样向他们解释自闭症？……

在赛尔热·蒂斯龙（Serge Tisseron）的《羞耻》（*La Honte*）一书中，我们可以读到：

> "对于个人，能够为自己体验到的'羞耻'命名，或能够接受这个外界强加给自己的命名符合一种再次立足的企图。"

（Tisseron，1992）

在蒙彼利埃会议"自闭症，卡纳之后 50 年"之后，母亲得以自我表达。她们充分表现了一个"与别人不同"的孩子的到来具有多么大的毁灭性。"这样，我们变成了不适应的夫妇，不适应这种新情况，不适应这种亲子关系"，一位母亲，贝阿特里斯·弗朗写道。她还写道：

> "我们会发现一个与他人所面对的完全不同的世界：这是精神病学的、充满不适应的、特殊教育的世界。我们也会发现自闭症的世界，它的无法理解，它所引起的焦虑……那么发生了什么？我们这些父母，我们丢失了自己的参照形象，这些形象与我们作为父母的观念相关。对于这个孩子来说，我们是谁？"

现在，这种痛苦走出了医生或心理治疗医生的诊所。这种痛苦可以得到公开表达。对于"新的"自闭儿童父母来说，每种表达都是一种帮助，一种无与伦比的支持。也许，正是因为揭开了这层面纱，增加这些父母彼此倾听的可能性，家庭结构得到了极大改变。很少有分散的家庭，很多祖父母陪在自己的孩子身边，很多兄弟姐妹彼此紧密相关。

当真正感到需要时，陪伴工作也会使父母接受住院措施。某些分离是有利的。不是所有的父母都有能力、有时间、有必要的物质条件，能够在家中照顾自己的孩子。一段分离的时间，在某些情况下，是可以采取的最佳措施。但这绝对不是一种强制分隔，只是用来缓和对所有人来说都变得艰难的家庭情况。同样，在某些情况下，我们只能建议在父母的房子附近为孩子提供一个教育与护理的环境。这些分离总是痛苦的；需要父母和孩子的坚定支持。在任何情况下，这些分离都不应是一种断裂，使父母感觉自己被排除在一个方案之外，而这些方案应该首先与父母相关。

对于那些表现出勇气，又常常被日常生活中的困难所摧毁的父母，对于那些仍然不知在哪可以寻求到帮助与理解的父母，我在本书附录中为他们提供了一些协会及自闭症资源中心的地址。

这些父母还必须明白，他们的孩子值得我们努力去帮他们重建自主能力，帮他们重建被可怕的焦虑风暴所摧毁的心理世界。在读到这段时，很多父母会开始思考。他们知道任何人类机能的背后都有渴望、满足及其反面。他们同样知道在损坏的无意识之上，什么都无法建立。然而，某些父母忘记了这些——他们觉得，只要去学习，一切都会变好。自闭症的认知学前景使教育方法的重要性得到阐释，也在教育方法上做出了主要贡献。但是，主要并不意味着排他。我们不应落入这种错误之中,不应使用"理论的"手背清除一切情绪影响,清除渴望与成功的关系。

我们并不想在此重新展开争论(本书开头处已提及),而恰恰相反,我们试图最终结束这场争论。如果有些人能够相信(这是对精神分析学家的极大指责),应该期待某个孩子身上产生渴望,并且无论何种渴望都使其得以实现,那么他们就大错特错了;我认为,这完全是一种美好的幻想。而幻想习得能够在渴望与人际交流之外得到巩固,这种想法在我看来同样是一种空想。通过简单而连贯的教育手段,我们可以帮助这些自闭儿童,使他们能够为人所理解;但从另一方面来说,正如我们已经能够确定的那样,我不认为我们能够将他们带入一种关联关系之中,除非他们能够融合存在与行动。

TEACCH 这种发展性的方法极为强调概念产生,或者更确切地说,这种方法的关键就是概念产生,无论是理解情境还是客体,都要借助一些测评,这些测评可以确认每个孩子的个人潜能,从而使我们能够向他们提供一种"尺度适当"的方案。这种逻辑十分清晰,必须从最容易获得且最易动员的能力开始。但是,依我的经验而言,使一个孩子理解并感觉到这种产生能力的心理原因(内部动力)是一张额外的王牌,也许还是稳固习得的最佳手段。

我同样还要提到 ABA。这种方法对于行为障碍十分有效,这些行为障碍会同时造成学习、自主以及社会整合能力方面的困难。然而,这种方法被某些极端主义者错误使用,这些人希望自己能够负责全部治疗。这种态度否定了与言语矫治、精神运动和精神治疗相结合的必要性。而且,这种态度使自闭症患者不得不接受过多的学习时间。我们要指出的是,这种"教育强权"完全与 HAS 的要求背道而驰，与之相反，HAS 强调结合方法的重要性。此外，矛盾的是，当 ABA 方法在某些儿童或青少年身上表现得十分有效时，这种态度往往对这种方法不利。接受 ABA 培训的教育工作者们努力去观察、去理解，哪些是造成负面行为的原因，精神分析学家也是如此，但他们同时还试图去帮助自闭症患者，使他们自己去发现、去理解这种机能障碍的心理根源。

一种内部动力

在此，我想到一个因自闭症受到严重限制的孩子。几个月后，在我的办公室里，他开始一边叫喊，一边拿起或放下电话机插头。同时，他开始将一个小罐子同妈妈玩偶套在一起。他将手指伸进去再拿出来。然后他依次看向自己的手心和手背。当然，他做这些时完全没有看我。因此，我开始向他说起他的恐惧，他无法区分自己的里面和外面。他开始将自己盒子中的东西扔在地上，又把另一个盒子中的毡笔也扔到地上。我同他说，可能他觉得我就像一个坏盒子，每次会面结束后都把他扔下。在这儿，和我一起，他在"里面"（我的办公室），而当他在"外面"时，我们就分开了。于是他拿起自己的盒子，这个盒子的盖子之前已经被他弄坏，他认真地看着我，微笑，尽管没有了盒盖，他还是把盒子两边重新接拢，表示盒子已经封闭起来。然后，他拉起我的手，把我的手放在毡笔上，这样向我表示这些毡笔不会再掉出来了。这次会面之后，这个游戏终止了，他对其他东西产生了兴趣。缺乏限制、无法控制我们的分离，这些使他身上产生了这种感受焦虑的可能性，这种可能性对他的发展产生了一种有趣的影响：他能够和自己的训练师一起使用合适的材料联系分离

> 的不同情境；开始画画，能够辨认并接受纸张的限制，并且能够使用胶带将碎纸片重新粘在一起，而不像此前，每次撕裂纸张都会出现疯狂的模仿。他开始能够控制大小便，我们深知对于这些自闭儿童来说，要做到这点是多么的困难，因为这涉及自身"里面"某些东西的消失。

以描写临床案例作为总结可能显得有些奇怪，但我认为这在心理构建及其具体实现之间的必要相互作用方面具有启发性。我们强调（尤其是尤塔·弗里思）自闭症患者很难、甚至不可能用同一行为适应不同的情境，正如我刚刚所举的例子，我们可以看到，孩子能够依靠我的解释获取自身行为的意义，并使其得到泛化。

自闭症是一项极其重要的挑战，要想接触这些自闭儿童、成年人及其家庭的痛苦，需要做的还有许多。针对这种疾病的研究班、研讨会或者各种相关会议的大量举行，证明了自闭症已引起我们的重视。这项工作经常伴随着极大的压力或情绪波动。但是，在今天，理论冲突终于有了更广阔的视角，预示了综合的治疗方法，这些方法的主要优势在于考虑到自闭症的所有方面。

我们坚信，终有一天，我们能够发现怎样更好地"重新找出"这些隐藏在自身深处的孩子。

参考文献

ALBERNHE TH. (1992), *L'enveloppement humide thérapeutique*, Paris, Les empêcheurs de penser en rond.

ALVAREZ A. (2003), *Une présence bien vivante*, Larmor Plage, éditions du Hublot.

ALVAREZ A., REID S. (2001), *Autisme et personnalité*, Larmor Plage, éditions du Hublot.

AMY M.-D. (1995), *Faire face à l'autisme*, Paris, Retz (épuisé).

AMY M.-D. (1997), « Autisme et paternité incestuelle », *Groupal 3*, Paris, Collège de psychanalyse groupale et familiale.

AMY M.-D. (2003), *La couvade ou comment disqualifier la mère*, Paris, Groupal 13.

AMY M.D. (2008), *Construire et soigner la relation mère-enfant*, Paris, Dunod.

AMY M.D. (2012) *La relation mère enfant, instinct ou intuition ?* Paris, Dunod.

AMY M.D. (2012) *La sécurité affective chez l'enfant,* Éd. Jouvence

ANZIEU D. (1985), *Le Moi-peau*, Paris, Dunod.

ANZIEU D. (1991), *Une peau pour les pensées*, Éd. Apsygée.

ANZIEU D. et al. (1993), *Les contenants de pensée*, Paris, Dunod.

ATWOOD T. (2003), *Le syndrome d'Asperger*, Paris, Dunod.

AULAGNIER P. (1991), *Une interprète en quête de sens*, Petite bibliothèque Payot.

AULAGNIER P. (1995), *La violence de l'interprétation*, Paris, PUF.

AUSSILLOUX CH, BAGHADAD A. (2003), *Les autismes : présentation, informations récentes*, centre de ressources autisme, CHU de Montpellier.

BARRON J. et S. (1993), *Moi, l'enfant autiste*, Paris, Plon.

BERQUEZ G. (1983), *L'autisme infantile*, Paris, PUF.

BERGER M. (1995), *Le travail thérapeutique avec la famille*, Paris, Dunod.

BERGERET J. (1984), *La violence fondamentale*, Paris, Dunod.

BERGSON H. (1949), *L'énergie spirituelle*, Paris, PUF, 1999.

BERTHOZ A. et al (2005), *L'autisme*, Paris, Odile Jacob.

BICK E., HARRIS M. (1998), *Les écrits de M. Harris et E. Bick*, Lamor Plage, Le Hublot.

BION W.R. (1979), *Aux sources de l'expérience*, Paris, PUF.

BOWLBY J. (1978), *Attachment theory an its therapeutic implications*, Ed. Chicago University of Chicago press.

BRAZELTON T., BERRY (1985), *Trois bébés dans leur famille*, Paris, Le livre de poche.

BULLINGER A. (2004), Le développement sensori-moteur de l'enfant et ses avatars, Erès.

CAILLOT J.-P., DECHERF G. (1989), « Psychanalyse du couple et de la famille », A. Psy.G.

CAREL A. (2000), « L'évitement relationnel du nourrisson et les dysharmonies interactives », Revue de neuropsychiatrie de l'enfant et de l'adolescent, *48*.

CICCONE A. (1999), *La transmission psychique inconsciente*, Paris, Dunod.

CICCONE A., LHOPITAL M. (1991), *Naissance à la vie psychique*, Paris, Dunod, 2001 ;

CICCONE A., MELLIER D. et al (2007), *Le bébé et le temps*, Paris, Dunod.

CYRULNIK B. (2003), *Le murmure des fantômes*, Paris, Odile Jacob.

DAGOGNET F. (2002), *Les grands philosophes et leur philosophie : une histoire mouvementée et belliqueuse*, Paris, Les Empêcheurs de penser en rond.

DANON-BOILEAU L. (2002), *Des enfants sans langage*, Paris, Odile Jacob.

DELION P. (1998), *Les bébés à risque autistique*, Toulouse, Erès.

DELION P. (2000), *L'enfant autiste, le bébé et la sémiotique*, Paris, PUF.

DOLTO F. (1985), *Séminaire de psychanalyse d'enfants*, Paris, Seuil, Point Essai, 1991.

FREUD S. (1914-1915), « Métapsychologie », in *Œuvres complètes*, PUF, 2003.

FRITH U. (1992), *L'énigme de l'autisme*, Paris, Odile Jacob.

FROST L.A., BONDY A. (1994), « PECS Manuel d'apprentissage », Pyramid Educational Consultants.

GOLSE B. (1999), *Du corps à la pensée*, Paris, PUF, 2001.

GRANDIN T. (1994), *Ma vie d'autiste*, Paris, Odile Jacob.

GRANDIN T. (1996), *Penser en images*, Paris, Odile Jacob.

HAAG G. (1984), « Réflexions sur les premiers niveaux d'identification... » in Kristeva et al., *Travail de la métaphore*, Paris, Denoël.

HAAG G. (1985), « La mère et le bébé dans les deux moitiés du corps », Neuropsychiatrie de l'enfance et de l'adolescence, 33e année, n° 2-3.

HAAG G. (1990a), « Identifications intracorporelles et capacités de séparation » Neuropsychiatrie de l'enfance et de l'adolescence, 38e année, n° 4-5.

HAAG G. (1992), in Hochmann, Ferrari et al., *Imitation et identification chez les enfants autistes*, Paris, Bayard.

HAAG G. (1984), « Autisme infantile précoce et phénomène autistique », Psychiatrie de l'enfant.

HAAG G. (1986), « Hypothèse sur la structure rythmique du premier contenant », *in* Caillot J.-P. Anzieu D. Derchef G., *Gruppo n° 2*.

HAAG G. (1991), « De la sensorialité aux ébauches de pensée chez les enfants autistes », *Rev. int. de psychopathologie, 3*.

HAAG G. (1995), « Grille de repérage clinique des étapes évolutives de l'autisme infantile », *in* Traité de psychiatrie de l'enfant, t. XXXVIII, 2.

HAAG M. (2002), « La méthode d'E. Bick pour l'observation régulière et prolongée Du tout petit au sein de sa famille », Auto édition : Dr Haag, 18, rue E. Duclaux, 75015 Paris, tél. 01 47 83 29 84.

HOCHMANN J. (1994), *La consolation*, Paris, Odile Jacob.

HOCHMANN J., FERRARI P. (dir.) (1992), *Imitation, identification chez l'enfant autiste*, Paris, Bayard/Inserm/Païdos.

DELION P., BEUCHER A., BULLINGER A., et al. (2000), *Les bébés à risque autistique*, Toulouse, Erès.

HOUZEL D. (2002), *À l'aube de la vie psychique*, Paris, ESF.

KLEIN M. (1948), *Essais de psychanalyse*, Paris, Payot, 1989.

KLEIN M. (1952), *Développements de la psychanalyse*, Paris, PUF, 1991.

KLEIN M. (1957), *Envie et gratitude*, Paris, Gallimard, 1978.

LACAN J. (1981), « Les psychoses » *in Séminaire III*, Paris, Seuil.

LAZNIK-PENOT M.CH. (1995), *Vers la parole : trois enfants autistes en psychanalyse*, Paris, Denoël, 2003.

LE SAUX A. (1991), *Papa m'a dit que son meilleur ami était un homme-grenouille*, Paris, Rivages.

LEBOVICI S. (1983), *Le nourrisson la mère et le psychanalyste*, Paris, Bayard, éditions Centurion, Païdos.

LEBOYER R. *et al.* (2004), *Le développement du nourrisson*, Paris, Dunod.

LENOIR P. *et al.* (2003), *L'autisme et les troubles du développement psychologique*, Issy-les-Moulineaux, Masson.

LESLIE A. (1987), « Pretense and representation : the origins of Theory of mind », *Psychological Review*, n° 94.

MAHLER M. (1973), *Psychoses infantiles*, Paris, Petite Bibliothèque Payot.

MAZET P., LEBOVICI S. (1990), *Autisme et psychoses de l'enfant*, Paris, PUF.

MELTZER D. (1980), *Le Monde de l'autisme : étude psychanalytique*, Paris, Payot, 2002.

MELTZER D. (1993), *Le Monde vivant du rêve : une révision de la théorie et de la technique psychanalytiques*, Meyzieu, Césura.

MERLEAU-PONTY M. (1945), *Phénoménologie de la perception*, Paris, Gallimard, 1976.

MESIBOV G. (1995), *Autisme : le défi du programme TEACCH*, Paris, Pro Aid Autisme.

MILCENT C. (1991), *L'autisme au quotidien*, Paris, Odile Jacob.

MISÈS R., GRAND P. (dir.) (1997), *Parents et professionnels devant l'autisme*, Paris, CTNERHI.

MOTTRON L. (2003), *Developmental changes of autistic symptoms*, Montréal, SAGE publications and National Autistic Society.

NADEL J., DECETY J. (2002), *Imiter pour découvrir l'humain*, Paris, PUF.

NADEL J., DECETY J. (2004), *Le développement du nourrisson*, Paris, Dunod.

PEETERS T. (1988), *Autisme : la forteresse éclatée*, Paris, Pro Aid Autisme.

PEETERS T. (1996), *L'autisme. De la compréhension à l'intervention*, Paris, Dunod.

PERRON R. (1987), « Autisme et psychoses infantiles ou le traumatisme permanent », *Bulletin de la SPP 12*,

PIAGET J. (1964), *Six études de psychologie*, Paris, Denoël/Gonthier.

PIAGET J. (1972), *Problèmes de psychologie génétique*, Denoël/Gonthier.

PRAT R. (1989), *Le dialogue des émotions*, Paris, Petite Bibliothèque Payot.

RACAMIER P.-Cl. (1990*a*), *Les schizophrènes*, Paris, Petite Bibliothèque Payot.

RACAMIER P.-Cl. (1990*b*), *Le Génie des origines*, Paris, Payot.

RIBAS D. (1992), *Un cri obscur*, Paris, Calman Lévy.

RITVO E., LAXER G. (1983), *Autisme. La vérité refusée*, Paris, Simep.

ROGÉ B. (2003), *Autisme : comprendre et agir*, Paris, Dunod.

SAUVAGE D. (1992), *Autisme du nourrisson et du jeune enfant*, Paris, Masson.

SCHOPLER E. (1994), *Profil psychoéducatif*, De Boeck Université.

SCHOPLER E., REICHLER R.J., LANSING M. (1989), *Stratégies éducatives de l'autisme*, Paris, Masson.

SCHOPLER E., LANSING M., WATERS L. (1993), *Activités d'enseignement pour enfants autistes*, Paris, Masson.

SEGAL H. (1969), *Introduction à l'œuvre de Melanie Klein*, Paris, PUF.

SPITZ R. (1968), *De la naissance à la parole*, Paris, PUF.

STERN D. N. (1989), *Le monde interpersonnel du nourrisson*, Paris, PUF.

TISSERON S. (1992), *La honte*, Paris, Dunod.

TOMKIEWISZ S. (1992), *Autisme : quelle prise en charge ?*, Sésame n° 102.

TREVARTHEN C., AITKEN K., PAPUDI D., ROBARTS J. (1996), *Children with autism : Diagnostic and interventions to meet their needs*, London and Bristol MA.

TUSTIN F. (1982), *Autisme et psychose de l'enfant*, Paris, Seuil.

TUSTIN F. (1986), *Les états autistiques chez l'enfant*, Paris, Seuil.

TUSTIN F. (1989), *Le trou noir de la psyché*, Paris, Seuil.

TUSTIN F. (1990), *Autisme et protection*, Paris, Seuil.

VAUTRIN J. (1986), *La vie Ripolin*, éditions Mazarine.

WILLIAMS D. (1992), *Si on me touche, je n'existe plus*, Paris, J'ai lu.

WILLIAMS D. (1994), *Quelqu'un quelque part*, Paris, J'ai lu.

WINNICOTT D.W. (1974), « *Le rôle de miroir de la mère et de la famille dans le développement de l'enfant* », Nouvelle revue de psychanalyse, *10*.

WINNICOTT D.W. (1980*a*), *L'enfant et le monde extérieur*, Paris, Petite Bibliothèque Payot.

WINNICOTT D.W. (1980*b*), *Processus de maturation chez l'enfant*, Paris, Petite Bibliothèque Payot.

WINNICOTT D.W. (1980*c*), *De la pédiatrie à la psychanalyse*, Paris, Petite Bibliothèque Payot.

WINNICOTT D.W. (1981), *L'enfant et sa famille*, Paris, Petite Bibliothèque Payot.

AUSSILOUX CH, LIVOIR-PETERSEN M.-F. (dir.) (1994), *L'autisme cinquante ans après Kanner*, Toulouse, Erès.

Ouvrages collectifs/Articles

L'Autisme, Édition de la Fondation européenne pour la psychanalyse, Paris, Point hors ligne, 1993.

La psychiatrie de l'enfant : à propos de l'autisme, Paris, PUF, vol. XXXVIII 2/1995.

Monographies de la R.F.P., « Autismes de l'enfance », PUF, 1997.

Groupal 6, « Le bébé et sa famille » *in* « Le collège de psychanalyse groupale et familiale », 2000.

Le Carnet PSY, « Autisme : état des lieux », 1re partie, *75* sept. oct. 2002.

Le Carnet PSY, « Autisme : état des lieux », 2e partie, nov. 2002.

La Forteresse éclatée (revue trimestrielle de l'association Pro Aid Autisme), 42, rue Bénard, 75014 Paris tél/fax 01 45 41 52 93.

Sésame-Autisme (revue trimestrielle de l'association), 53, rue Clisson, 75013 tél. 01 44 24 50 00.

资　源

培 育 机 构

LA CIPPA

心理治疗师、精神分析师及其他自闭症相关工作者国际协会

Site：www.cippautisme.org

E-mail：dominiqueamy@hotmail.com

UFR Sciences humaines Université Paris-Diderot, DU Autisme et stages autisme

负责人：Chantal Lheureux Davidse

联系人：Delphine Leyret

Tél. 01 57 27 63 94

Edi formation

11—13, chemin de l'Industrie, 06110 Le Cannet

Tél. 04 93 45 53 18, fax 04 93 69 90 47

TEACCH 课程：理论与实践培训，PEP-R 培训，针对特定方向及其相关技术的培训。

Pro Aid Autisme

19，rue des Martyrs，75019 Paris

Tél./fax 01 45 41 52 93

TEACCH 课程：理论与实践培训。

A.D.MAKATON(Association Avenir Dysphasie)

15 ter，impasse des Chantiers，93400 St Ouen

Tél. 01 40 12 39 11

提供旨在联系符号、言语、图画文字的语言启蒙课程。

PECS(图片兑换沟通系统)

Tél. 01 43 59 06 88

提供各阶段的交流启蒙系列课程，针对表现出互动障碍和语言障碍的低龄儿童、青少年以及成年人。

BUC Ressources：formation autisme

1 bis，rue Louis Massotte，78530 Buc

Tél. 01 39 20 19 94

提供研究前景广阔的四种培训模块，一方面从全科医生角度进行研究，另一方面从思维培养及教育角度进行研究。

资　源

AEDPEA Centre d'études Martha Harris

B.P. 32，56260 Larmor Plage

有赖于塔维斯托克诊所的领导及教学负责人的参与，该中心根据伦敦塔维斯托克诊所的教学模式，提供儿童与青少年精神分析疗法培训的观察课程与临床课程。

L'AFAR：Action formation animation recherche

护理人员培训。

46，rue Amelot，75011 Paris

Tél. 01 53 36 80 50

该继续教育中心从各研究角度深入关注自闭症，从精神分析到认知研究，已将教育、肢体及口头替代沟通技术用于培训。

UFR de psychologie

图卢兹第二大学科研中心。

在 Bernadette Rogé 的带领下，心理学 UFR（培训及研究中心）提供儿童自闭症方面的深入培训课程。

L'ARAPI

自闭及其他心理失调预防措施研究协会。

Tél. /fax 02 47 35 92 78，E-mail：arapi@wanadoo.fr

20 年前由 Lelord 教授建立，该协会由家长、医生和科研工作者组成。致力于组织研修班及研讨会，并支持相关信息提供及知识传播活动。

家 长 协 会

Sésame Autisme

53, rue Clisson, 75073 Paris

Tél. 01 44 24 50 00

Autisme France

1209, Chemin des Campelières, 06250 Mougins Cedex

Tél. 08 10 17 91 79

http://www.Autismefrance.org

Autisme 92

70, rue Marcel Miquel, 92130 Issy-Les-Moulineaux

Tél. 01 46 48 70 36

Autisme 75

78, rue Dessous-des-Berges, 75013 Paris

Tél. 01 48 84 29 59

Service autisme solidarité

25, rue Gaudon, 75013 Paris

Tél. 01 53 61 03 20

Acanthe

4, square Balzac, 78150 Le Chesnay

Tél. 01 39 54 76 58

Pro Aid Autisme

19, rue des Martyrs, 75009 Paris

Tél./fax 01 45 41 52 93

Unafam écoute-famille

12, Villa Compoint, 75017 Paris

Tél. 01 42 63 03 03

Association A.E.V.E.: Autisme Espoir Vers l'Ecole

35, rue Emile Landrin, 92100 Boulogne

E-mail: info@autisme-espoir.org

Cette association propose des prises en charge intensives à domicile

U.N.A.P.E.I. Association Parents et amis des personnes handicapées

15, rue Coysevox, 75018 Paris

Tél. 01 44 85 50 54

主要自闭症资源中心

Centre de Ressource Autisme Alsace

Pôle régional Enfants et Adolescents

Responsables: Pr.Bursztejn/Dr Chabaux-Delarai

Unité d'évaluation des troubles du dévelopement
Hôpital Elsau
15 rue Cranach
67200 Strasbourg
Tél.: 03 88 11 59 52-fax: 03 88 11 59 39

Centre de Ressource Autisme Aquitaine
Coordonnateur: Professeur Bouvard
Hôpital Charles Perrens
121 rue de la Béchade
33076 Bordeaux CEDEX
Tél.: 05 56 56 67 19
Fax: 05 56 56 67 10
E-mail: cra-aquitaine@ch-perrens.fr

Centre de Ressource Autisme Auvergne
Coordonnateur: Dr Sylvain Levallois
Centre médico-psychologique
CHU de Clermont-Ferrand
28 place Henri Dunant
63000 Clermont-Ferrand
Tél.: 04 73 75 19 50
E-mail: cra-auvergne@chu-clermontferrand.fr

Centre de Ressource Autisme de Basse Normandie
Chef de service: Pr Jean-Marc Baleyte

Coordonnateur: Dr Edgar Moussaoui

CHU de Caen

Service de psychiatrie de l'enfant et de l'adolescent

27 boulevard Bertrand

14033 Caen Cedex 9

Tél.: accueil: 02 31 06 58 21

Fax: accueil: 02 31 06 58 34

E-mail: cra-sec@chu-caen.fr

Centre de Ressources Autisme de Bourgogne

Unité Régionale de diagnostic et d'évaluation de la Côte D'Or

Coordonnateur: Fabien Joly

Responsable médicale: Dr Céline Henry

CHU du Bocage

Ecole des cadres infirmiers-2^e

10 boulevard Maréchal de Lattres de Tassigny

BP 77908

21077 Dijon

Tél.: 03 80 29 54 19

Fax: 03 80 29 53 10

E-mail: c.r.a.@chu-dijon.fr

Centre de Ressources Autisme Bretagne

Coordonnateur: Pr. Alain Lazartigues

Hôpital de Bohars
Route de Ploudalmézeau
29280 Bohars
Tél.: 02 98 01 52 06
Fax: 02 98 01 52 33
E-mail: marie-josee.maze@chu-brest.fr

Centre de Ressources Autisme et troubles du développement de la région Centre

Coordonnateur: Dr Pascal Lenoir
Centre Universitaire de Pédopsychiatrie
CHU Bretonneau
2 boulevard Tonnellé
37044 Tours Cedex 9
Tél.: 02 47 47 86 46
Fax: 02 47 47 87 70
E-mail: secretariat.cra@chu-tours.fr

Centre de Ressources Autisme Champagne-Ardenne

Diagnostic & Evaluation
Coordonnateur: Dr Nathalie Golovkine
Service de Psychothérapie de l'Enfant et de l'Adolescent
Hôpital Robert Debré
Avenue du Général Koenig
51092 Reims Cedex

Tél.: 03 26 78 39 67/Fax: 03 26 78 39 67

Centre de Ressource Autisme Franche-Comté

Coordonnateurs: Professeur Paul Bizouard-

Docteur Géraldine Ropers

CHU Saint-Jacques

Service de psychiatrie infanto-juvénile(Dr Sylvie Nezelof)

2, Place Saint-Jacques

25030 Besançon CEDEX

Tél.: 03 81 21 82 44

Fax: 03 81 21 82 62

E-mail: crafc@chu.besancon.fr

Centre de Ressources Autisme Guadeloupe

Coordonnateurs: Docteur Max Duquesnoy

31 lotissement les Jardins de Moudong Sud

97122 Baie-Mahault

Tél.: 05 90 25 23 90

Fax: 05 90 41 12 77

E-mail: cra.971@wanadoo.fr

Centre de Ressource Autisme Haute-Normandie CRAHN

Centre hospitalier du Rouvray

4 rue Paul Eluard-BP45

76301 Sotteville-lès-rouen

Tél.：02 32 95 18 64

Fax：02 32 95 18 65

E-mail：cra@ch-lerouvray.fr

Centre de Ressources Autisme Ile-de-France-CRAIF

Directrice：Josette Majerus

27 rue de Rambouillet

75012 Paris

Tél.：01 49 28 54 20/Fax：01 49 28 54 21

E-mail：contact@craif.org

Site Internet：www.craif.org

Centre de Ressource Autisme Languedoc-Roussillon

Coordonnateur：Pr.Charles Aussilloux

SMPEA Peyre Plantade

CHU de Montpellier

291 avenue du Doyen Giraud

34295 Montpellier CEDEX 5

Tél.：04 67 33 99 68/Fax：04 67 33 08 32

E-mail：cent-ress-autisme@chu-montpellier.fr

Site Internet：www.autisme-ressources-lr.fr

Centre Régional de Diagnostic et de Ressources sur l'Autisme du Limousin(C.R.D.R.A.L)

Pôle Diagnostic et Evaluation

Coordonnateurs: Dr Frédérique Dantoine et Dr Philippe Tapie
CHU-Service de Neurologie
2 avenue Martin Luther King
87042 Limoges CEDEX
Tél.: 05 55 05 86 86
Fax: 05 55 05 86 87
E-mail: contact.autisme@chu-limoges.fr

Centre de Ressource Autisme Lorraine

Coordonnateur: Jean-Luc Fabry
Centre Psychothérapeutique de Nancy
BP 11010
54521 Laxou CEDEX
Tél.: 03 83 92 66 76
Fax: 03 83 92 66 79
E-mail: ressourcesautisme@cpn-laxou.com

Centre de Ressource Autisme Midi-Pyrénées

Coordonnateurs: Martine Loiseau(directrice du GIP)
CHU La Grave
Place Lange
TSA 60033
31059 Toulouse CEDEX 9
Tél.: 05 61 31 08 24
Fax: 05 62 21 12 78

E-mail: accueil@cra-mp.info

Site Internet: www.cra-mp.info

Centre de Ressource Autisme Nord-Pas de Calais

Bilans-Evaluation diagnostique

Responsable: Pr.Pierre Delion

Espace Montebello

41 rue Van Hende

59000 Lille

Tél.: 03 20 44 48 49/Fax: 03 20 44 48 70

E-mail: c-alloy@chru-lille.fr

Site Internet: http://www.cra5962.org

Centre Régional d'Études et de Ressources pour l'Autisme et les troubles envahissants du développement(CRERA) Pays de Loire

Unité sanitaire

Responsable: Annette Baillet

Pédopsychiatre: Dr Guy Dupuis

CHU Angers

4 rue Larrey

49000 Angers

Tél.: 02 41 35 31 21

Fax: 02 41 35 31 29

E-mail: autisme.crera@chu-angers.fr

Centre de Ressource Autisme Picardie

　　Coordonnateur:
　　Pr Christian Mille(chef de service)
　　4 rue Grenier et Bernard
　　80000 Amiens
　　Tél.: 03 22 66 75 40
　　Fax: 03 22 66 75 99
　　E-mail: cra-picardie@chu-amiens.fr

Centre de Ressource Autisme Poitou-Charentes

　　Coordonnateur: Pr.Daniel Marcelli
　　Centre hospitalier Henri Laborit
　　370 avenue Jacques Cœur
　　BP 587
　　86021 Poitiers CEDEX
　　Tél.: 05 49 44 57 59
　　Fax: 05 49 44 57 51
　　E-mail: secretariat-cra@ch-poitiers.fr

Centre de Ressource Autisme Provence-Alpes Côte d'Azur

　　Coordonnateurs: Professeur François Poinso
　　Docteur Da Fonseca
　　Docteur Chatel
　　Unité d'évaluation de Marseille
　　Service du professeur Poinso
　　Service de pédopsychiatrie

Hôpital Ste Marguerite
270 boulevard Ste Marguerite
13009 Marseille
Tél.: 04 91 74 40 70
Fax: 04 91 74 62 42

Centre de Ressources Autisme Réunion/Mayotte
Coordonnateur: M.Frank Du Vinage
CRIA Réunion/Mayotte
14 Ruelle Rivière
97436 Saint-Leu
Tél.: 02 62 22 59 52
Fax: 02 62 44 26 33
E-mail: cria.clairejoie@orange.fr

Centre de Ressource Autisme Rhône-alpes
Unité de coordination
Centre de Ressources Autisme Rhône-Alpes
Coordonnateur: Docteur Sonie Sandrine
Centre Hospitalier le Vinatier
Bât. 211
95 boulevard Pinel
69677 Bron CEDEX
Tél.: 04 37 91 54 65/Fax: 04 37 91 54 37
E-mail: cra@ch-le-vinatier.fr
Site Internet: www.cra-rhone-alpes.org

临床案例

打破亚瑟孤独的拖拉机 ………………………………… 040
欧尔唐丝,从沙发避难所到沙发游戏 ………………… 041
艾尔维与平息的暴力 …………………………………… 042
为艾丽安制定的个人方案 ……………………………… 088
菲利普的退步 …………………………………………… 090
索尼娅的创伤性经历 …………………………………… 097
奥古斯坦怎样学习分享 ………………………………… 102
蒂埃里和作为连接物的音乐 …………………………… 106
朱莉的哲学问题 ………………………………………… 107
一种内部动力 …………………………………………… 214

插　图

图 5.1　最初的关联与黑洞 ················· 136
图 5.2　关联的真正开始 ·················· 139
图 5.3　当一切都被堵住，怎么交流？ ··········· 146
图 5.4　成为一体 ······················ 147
图 5.5　被封闭的婴儿 ··················· 148
图 5.6　保护母亲和孩子 ·················· 149
图 5.7　弗朗索瓦与妈咪关系的第一幅画 ········· 149
图 5.8　怀孕的妈妈 ···················· 152
图 5.9　"穿着带纽扣大外套的妈咪和她的眼镜" ····· 153
图 5.10　第一次性别表征 ················· 156
图 5.11　爸爸妈妈在一起 ················· 158
图 5.12　防卫栅栏 ····················· 165
图 5.13　封闭的房子 ···················· 177
图 5.14　第一座房子的雏形 ················ 178
图 5.15　"黑洞怪兽" ···················· 183
图 6.1　编舞 ························ 191

索引（所列页码为原书页码，即本书边码。）

A

abstraction，抽象　96，182

accordage affectif，情感调谐　16

acte，行为　81

adhésive，粘附性　45，46，57，103

Adi，自闭症诊断访谈量表修订版　55

affect，情感　15，179，180

agir(l')，行动　6，81

agrippement

　— discursif，言语依附　178

　— manuel，手抓反应　14

agrippements primaires，早期感知　12—14，16—18，21，22，24，35，86，90，93，100，102，110

alternative，轮换　53，69，78

anal，肛欲的　68

angoisse

　— archaïque，早期焦虑　138

　— catastrophique，灾难性焦虑　104

　— séparation，分离焦虑　17

anhistoricité，非历史性　100

Anzieu D.，安齐厄　12，27，42

apprentissage，学习　5，6，55，61，62，75，82，88，96，167，179，191

　— cognitif，认知学习　4

approche

　— cognitif，认知学方法　52

　— psychanalytique，精神分析法　42

archaïque，早期的　164

articulation psychocognitive，心理学与认知学相结合 60
Asperger H.，阿斯伯格 26
assistante sociale，义务助理 70
attachement，依恋 28，91
attention，注意力 6，13，16，29，81，90，100，162
attention conjointe，彼此关注 33
attention-sensation，感知注意力 58，100
Attwood T.，阿特伍德 92，97
augmentative，加强词义 69
autisme
— secondaire，继发性自闭 17
autistique，自闭的 21，26，34，45，52，66，74，76，85
autonomie，自理能力，自主 2，53，76，78，98，105，146，148，156
autosuffisance，自给自足 15
auxiliaire，辅助的 31，170
axe，主线 164

B

barrages psychiques，精神障碍 5
Bergson H.，伯格森 103
Bick E.，比克 27，44—46
Bion W.R.，比昂 12，13，45，98，99
blessure narcissique，自恋性创伤 111
Bower，鲍尔 82
Bowlby J.，鲍比 28
Brazelton T. Berry，布雷泽尔顿 27，28，42

C

Camps，社会医学心理行为中心 73
carapace，保护层 18，44，101，177
Carel A.，卡雷尔 22，110
Cars，儿童自闭评定量表 55
causalité，因果关系 30
centres de ressources，资源中心 74
Christianopoulos，克里斯蒂亚诺普洛斯 15
Ciccone A.，西科恩 45
cognitive，认知的 51，75，101，181
cognitivisme，认知学 6，42，102
cohérence，协调 34
collage，粘贴 161
communication，交流 5，6，17，24，26，52，55，57，60，61，63，

69，73，76，81—84，92，97，
100，102，105，135，136，161，
162，164，176，184，185
troubles de la —，交流障碍 1
comportementalisme，行为主义
77
concept，概念 182
conscience，意识 30，85，92
conscient，有意识 73，102
consensus，达成一致 64，76
contrat d'intégration，一体化合同
71
culpabilité，负罪感 3，22，29，54，
60，66，71，110，116，123，130，
189

D

d'accueil，接收 45
Dagognet F.，达戈涅 21
Danon-Boileau L.，达农布瓦洛 87
de， 20，26，42，113，180
décollage，分离 17，45，119，122
dedans-dehors，内—外 124，125，
149，153，154，157，159，192
déficience mentale，心理缺陷 25
démantèlement，摧毁 45
dépression，抑郁 110，146，148，

170
des， 19，26
Descartes，笛卡尔 99
désintrication，彼此分离 96
— sensorielle，感官分离 100
désir，渴望 15，143
deuil originaire，原始悲哀 39
diagnostic，诊断 74
divan，沙发 3，127，146
dyade，二元关系 12，17，21
dysfonctionnement psychique，心理
机能障碍 31

E

écholalie，言语模仿 54，97，178
éducateur(trice) spécialisé(é)，特殊
教育工作者 29，58，60，70，
74，88，121，155，156，160，192
éducatif，教育的 69
Eibl-Eibesfeldt，艾布尔—艾贝斯费
尔德 82
éléments bêta，β元素 98
émergence，产生，显露 65，78，
99，100，112，143，179，191
émotion，情绪 45，59，89
empiétement，越权 70
encapsulé，封闭 25

entretissage des informations, 信息拼织 33

envie, 欲望 127, 142

espace-temps, 空间—时间 14, 30, 99, 179

évitement, 回避 75

expérience, 体验 6, 14, 81, 97, 100

expérimental, 实验的 42, 82

expérimentation, 实验 14

F

faire semblant, 假装 103

familiale, 家庭的 66, 189

fantasme, 幻觉 4, 6, 15, 31, 38, 42, 75, 168

— d'arrêt sur image, "形象停止" 幻想 43

fèces, 粪便 67

fente palatine, 唇腭裂 85

fonction

— alpha, α 功能 99

— cognitive, 认知功能 30

fonctionnement psychomoteur, 精神运动机能 67

fort/da, 出发/回来 35

Freud S., 弗洛伊德 35, 84, 86, 87, 102, 104, 179

Frith U., 尤塔·弗里思 19, 27, 33, 35, 193

frustration, 挫折 86, 100

G

généralisation, 普及化 63, 64, 81, 181

génétique, 遗传学 30

geste, 手势 94, 117

gestuelle, 手势的 96

grammaire musicale, 音乐语法 18, 111, 112

Grandin T., 格朗丹 19

H

Haag G., 哈格 43, 74

Heidegger M., 海德格尔 96

Hochmann J., 霍克曼 72

homéostasie, 内环境稳定 84

hospitalisme, 医院病 53

humain, 人类 23

hyperactivité, 过度活跃 56, 91

hypersensibilité, 过分敏感 54

hypersensorialité, 超常感官能力 32

I

idée du moi, 自我观念 40

image, 图像, 图片 4, 15, 63, 69, 72, 78, 96, 102, 105, 120, 162, 175, 184

imagination, 想象 16, 75

imitation, 模仿 17, 23, 27, 45, 63, 67, 78, 89, 99

immuabilité, 不变 91

inanimé, 无生命的 23

inconscient, 无意识 30, 38, 60, 73, 102, 179

incoordination sensorielle, 感官不协调 82

infantile, 幼儿的 25, 54, 75, 171

infirmier(ère), 护士 58, 70, 74

insight, 顿悟 82, 82, 177

instabilité motrice, 运动机能不稳定 57

instinct, 本能 67, 83

instituteur(trice), (小学)老师 150—152, 156, 167

intentionnalité, 意向性 6

intersubjectivité, 人际沟通 16, 81, 184

intra-utérin, 子宫内的 43

intrication, 错杂 185

introjection, 内摄 35, 44, 177, 183

intuition, 直觉 83

K

Kanner L., 卡纳 25, 91

Klein M., 克莱恩 27, 32, 44, 46

L

Lacan J., 拉康 20, 86, 95

langage, 言语 17, 26, 52, 63, 67, 69, 81, 84, 94, 98—100, 162, 167, 176, 187

incompréhension du —, 对言语不理解 56

Laznik M.-Ch, 拉兹妮克 20

Lécuyer R., 莱居耶 23

Leslie A., 莱斯利 19, 27, 34, 46

libido, 力比多 39

lien, 关联, 联系 4, 5, 13, 15, 17, 26, 69, 78, 81, 100, 102, 113, 129, 130, 139, 162, 163, 191

M

Mahler M., 马勒 40

Makaton, Makaton 词汇发展计划 51

mécanismes de défense, 保护机制 44

Meltzer D., 梅尔泽 12, 18, 45

mémoire, 记忆 6, 13, 81, 91, 100

mentale, 心理的 33

Merleau-Ponty M., M.梅洛-庞蒂 94

métareprésentation, 元表征 34

modularité, 模块性 87

Moi, 自我 23, 30, 39, 44, 46, 102, 161, 177

mot, 词, 词语 15, 96, 181, 186

motricité, 运动机能 27, 78

Mottron L., 密特朗 26

N

Nadel J., 纳德尔 23

narcissisme, 自恋 41, 90

neurologique, 神经病理学的 33

non-intrication sensorielle, 感官无交错 20

non-sens, 无意义 23

O

objet, 客体 30, 35, 63, 72, 96, 116, 147, 164, 181

observation, 观察 91

orthophonie, 正音法, 言语矫治 16, 47

orthophoniste, 正音医生 61, 71, 105, 170, 179

P

pack, 一种潮湿冰冷的包裹, 与身体接触会恢复温暖 43

paradoxale, 悖论的 22

paradoxe, 悖论 22, 91, 130, 184

parole, 话语 6, 96

partenariat, 合作关系 65

partiel, 部分的 40

pathologie
— cognitive, 认知病理 4
— mentale, 智力病理 2
— psychique, 心理病理 2

peau, 皮肤 42

Pecs, 图片兑换沟通系统 51, 84, 105

Pei, 个人教育方案 71

pensée, 思维 6, 13, 81, 92, 94, 99, 100, 103, 177

Pep-R, 自闭症儿童心理教育评估表 71, 78

perception，感知 23，27，45，56，67，78，86，102，155

période d'accordance，调适阶段 16，112，143

permanence de l'objet，物品的永久性 124

phénomène de seconde peau，次级皮肤现象 44

Piaget J.，皮亚杰 24，27，30，99

pictogramme，象形符号 57，72，78，94

pointage，指向 72，83

politique de réseau，联网策略 64

post-partum，产后 41

pragmatique，实际的 59

préconscient，前意识 73，102

prévention，预防措施 65

primaire，早期 22，38，39，154，163

prise en charge

— éducative，承担教育责任 110

— psychocognitive，承担心理认知责任 2

projection，投射 44，45，177，183

projective，投射的 44，46

psychanalyse，精神分析 30，59，72

psychanalyste，精神分析学家 3，6，34，38，65，87，177，185，191

psychanalytique，精神分析的 16，59，61，72，78，85，97，109，162

psychologie

— génétique，遗传心理学 6

psychologue，心理学家 2，74，170，183

psychomoteur，精神动力 69

psychomotricien(ne) 精神运动训练师 70，71，74，183

psychomotricité，精神运动 16，72

psychothérapeute，心理治疗医生 71，95

psychothérapie，心理疗法 1，95

— psychanalytique，精神分析疗法 3

psychothérapique，心理疗法的 69

pulsion

— à naître，出生冲动 12

— épistémophilique，认知冲动 88

R

Racamier P.-Cl.，拉卡米尔 12，20，27，39

régression, 退化 14, 17
relation, 人际关系 81
renforcement, 强化 90
représentation, 表征 34
rythme, 节奏 13

S

scène primitive, 原始场景 127
schizophrène, 精神分裂症患者 20
Segal H., 西格尔 44
sens, 意义 186
sensation, 感觉 99, 155
sensorielle, 感官的 21, 62, 87, 92, 101, 111, 113, 159, 160, 173, 191, 193
sexualité, 性欲 179
significant, 能指 69, 94—96, 181
signifié, 所指 94, 96, 181
soin, 护理 3, 22, 58, 61, 64, 67, 72, 73, 75, 90
sphicters, 括约肌 67
Spitz R., 施皮茨 53
stéréotypie, 刻板行为 32, 54, 84, 86
— gestuelle, 刻板动作 178
Stern D., 斯特恩 16, 27, 31, 41, 82

stimulus, 刺激 11, 28, 29
stratégie
— éducative, 教育策略 51, 69
— individuelle, 个人策略 88
structure cognitive, 认知结构 30
sujet, 主体 23
surinvestissement, 过度投入 61
symbiose, 共生 17, 35
symbiotique, 共生的 38, 40
symbolique, 象征性的 34, 35, 59, 94, 95, 139, 156, 169
syndrome d'Asperger, 阿斯伯格综合征 92

T

Teacch, 结构化训练 2, 51, 69, 191
temps, 时间 30, 179
théorie de l'esprit, 精神理论 19, 26, 46, 103, 177
Tisseron P., 蒂斯龙 190
tissus cohérents, 逻辑性组织 33
transitionnel, 过渡性的 46
triade, 三元关系 12
trou noir, 黑洞 14, 117, 123, 145, 149, 158, 163, 171
trouble

—— cognitif，认知障碍　69

—— relationnel，人际关系障碍　15

U

urine，尿　67

V

verbale，言语的　96

Vineland，文兰适应行为量表　55

voix，声音　13

W

Wallon H.，瓦隆　99

Williams D.，威廉斯　19，98，99

Winnicott D. W.，温尼科特　11，20，35，40，46

Wittgenstein L.，维特根斯坦　95

图书在版编目(CIP)数据

如何帮助自闭症儿童：心理治疗与教育方法/(法)玛丽-多米尼克·艾米著；姜文佳译.—上海：上海社会科学院出版社，2016
 ISBN 978-7-5520-1578-2

Ⅰ.①如… Ⅱ.①玛… ②姜… Ⅲ.①缄默症-儿童教育-特殊教育 Ⅳ.①G766

中国版本图书馆 CIP 数据核字(2016)第 232364 号

Originally published in France as：
Comment aider l'enfant autiste，Approche psychothérapique et éducative，by Marie-Dominique Amy
© DUNOD Editeur，Paris，2013，3rd edition
Simplified Chinese language translation rights arranged through Divas International，Paris
巴黎迪法国际版权代理(www.divas-books.com)
上海市版权局著作权合同登记号：图字 09-2014-050 号

如何帮助自闭症儿童：心理治疗与教育方法(第三版)

著　者：(法)玛丽-多米尼克·艾米
译　者：姜文佳
责任编辑：杜颖颖
封面设计：式夕制作
出版发行：上海社会科学院出版社
　　　　　上海顺昌路 622 号　邮编 200025
　　　　　电话总机 021-63315900　销售热线 021-53063735
　　　　　http://www.sassp.org.cn　E-mail：sassp@sass.org.cn
照　排：南京理工出版信息技术有限公司
印　刷：上海景条印刷有限公司
开　本：890×1240 毫米　1/32 开
印　张：8.25
插　页：2
字　数：182 千字
版　次：2016 年 11 月第 1 版　2020 年 9 月第 2 次印刷

ISBN 978-7-5520-1578-2/G·591　　　　　定价：35.00 元

版权所有　翻印必究